全新知识大搜索

经济与财富

王朔峰　主编

吉林出版集团股份有限公司

前言

财富是美好的，也是值得追求的。不必讳言，无论是对于个人，还是对于一个国家，更多的财富总是一件好事情。在商业经济的时代，财富不仅是国家和社会强盛的基石，也是个人成就和能力的标志。合法的、干净的财富更会赢得人们的尊重和敬意。

人类追求财富的脚步从来没有停止，获得更多的财富，推动了个人的奋斗，也推动了社会的前进。自远古以来，人们就懂得交换能够带来财富的增长。从丝绸之路到新航路的开辟，再到当今世界范围内的国际贸易，这些都是追求财富的活动。所以在每个社会当中，从事商业贸易的社会阶层都是社会财富的主宰者。

而在经济发展的新时代，一种新的经济形式——知识经济又展现在人类的面前。所谓知识经济，是指建立在知识的生产、分配和使用上的经济，它是相对于农业经济、工业经济而言的新的经济形态。知识经济把知识作为最重要的资源，把人创造知识和运用知识的能力看做是最重要的经济发展因素，其主要特点是信息化、网络化、智能化。

知识经济的到来带动了科学技术的进步、产业结构的变革，尤其是使信息产业一跃成为吸引世人眼光的产业明珠。同时，电子商务、虚拟企业、风险投资、科技园区、生物技术、头脑产业等一个又一个知识经济时代的新事物也闪亮登场，让人目不暇接，并对社会生活进行了全新的改造，比如教育培训和终身学习的概念就是知识经济影响的结果。无论是世界上的任何一个角落，都已经在或者将要接受知识经济的洗礼。知识经济方兴未艾，前途远大，已经给许多传统的产业带来了巨大的颠覆。当然，知识经济的发展也非一帆风顺，但这仅仅是发展过程中的必要挫折。归根结底，在当今世界中，知识和信息永远具有无可替代的重要地位。

古人云，君子爱财，取之有道。获得财富的手段和方法让每一个渴望财富的人都为之神往不已。人都珍爱财富，但一些人最终富可敌国，一些人却沦为食不果腹的境地。每个国家都希望拥有更多的财富，但一些国家经济实力强大，一些国家的人民连饭都吃不饱。对于个人的财富，也许可以归结为个人的智商、努力和运气。对于一个国家的财富，可以说有地理位置、资源占有和政治稳定以及人民节俭和勤劳等方面的功劳。但除此之外，创造财富的方法和手段，特别是一个社会的经济制度是至关重要的。在某种意义上，创造财富的智慧也是人类最高的智慧。

财富无限美好，但财富并不能唾手可得。当我们更多地了解经济生活的同时，对财富的认识也更加印象深刻了。本书通过对国际贸易、知识经济和创造财富的方法的介绍，希望能让读者对财富和经济的问题有一个粗略的认识。这也将对我们更好地从事经济活动不无裨益吧！

目录 MuLu

目录 MuLu

第一章　财富增长的神奇手段——国际贸易

为什么要与别人进行贸易？难道我们自己生产所有的物品有什么不好的吗，至少这样就不用花钱了呀！确实，如果你不与人交易，那么你将不用花钱，但你却付出了巨大的代价！想一想如果你需要一支写字的钢笔，你总不能从采集铁矿石炼钢开始吧！如果真的这样，恐怕造出钢笔后你也没有心情写字了。这就是贸易的作用，经济学的基本思想之一就是交易生利。与人贸易就一定会获得利益，否则你干吗要与别人交换？随着经济的发展，贸易也由一国之内扩展到国与国之间。在本章，你将了解国际贸易的历史和国际贸易的基本理论；你还会明白为什么不同的国家采取了不同的贸易战略；具体的国际贸易方式和跨国公司都给我们带来了哪些好处；我们还会了解更多的国际贸易规则，做一个明明白白的参与者。国际贸易发展的历史和现状证实了贸易能够增加所有国家的财富，提高每个人的生活水平。随着信息技术的发展和世界市场的成熟，各国经济联系日益密切，区域一体化和经济全球化趋势不断加强，国际贸易越来越为人们所重视。在这个地球村落里，每个国家、每个人都是贸易的实践者，也是贸易的受益者。我们希望通过本章的内容让地球村村民——你——更多地体味到国际贸易的好处与乐趣。

✺ 为什么要进行交换

　　为了说明交换的重要性，我们不妨从这样的角度出发，设想没有交换世界会变成什么样子：爸爸要从早到晚在田间耕作，让全家吃得饱；妈妈要日夜织布，让全家可以穿得暖。没有了交换，一切就如同《鲁滨逊漂流记》中描写的那样，每个人消费的东西都要自己生产，不再有汽车、电话、电脑，科技只能在人们满足日常需求之余才会有灵光乍现的进步。毫不夸张地讲，没有交换，就不会有人类今天的文明。交换使得每个人可以花时间做自己拿手的事情，再用劳动的成果去换其所需，交换使人类不必为了简单的生存而忙碌，而是各司其职，进而创造出璀璨的人类文明。

✺ 为什么国际贸易特殊

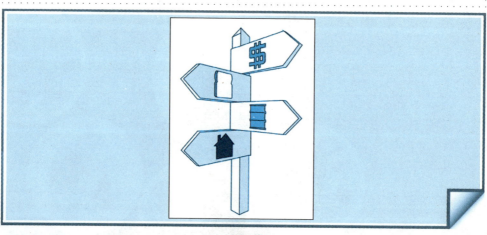

国际贸易，顾名思义，就是国内贸易扩大到了国际范围。我们日常生活随处可见国际贸易的好处。虽然中国能够自己生产大部分所需的商品，但许多东西，如德芙巧克力等都是来自于异国。同样，中国也向世界提供了大量成衣制品、手工玩具等等。尽管国际贸易往来能够带给我们许多好处，但它涉及到了两个主权国家间商品、服务和资金的流动，要受到两国进出口条例的制约，面临的环境要比国内贸易复杂得多，任何的风吹草动都会触动到主权国的利益。这也就不难解释为什么国家间会经常发生贸易摩擦，甚至有时会升级为贸易战了。

🌟 经济增长的引擎——国际贸易

国际贸易能够推动经济增长？没错！前面我们讲了贸易的好处，而贸易扩大到世界范围，其好处岂不是更大？简言之，贸易有利于提高各国专业化水平。如果每个国家只生产一种或几种产品，就能进行大规模的生产，提高生产率，降低成本，增加出口。出口扩大也就意味着进口能力提高，这不但能让本国居民享受到更多舶来品，而且也会增加先进技术设备的进口，提高本国的生产能力。出口部门的发展还会带动相关产业的发展，如汽车业的发展会推动钢铁、石化和橡胶工业的发展，从而促进整个经济的发展。所以，各国意识到只有向世界开放，经济才能走上繁荣之路。

▣ 当今世界各国和地区国际贸易概况

004

　　我们已经习惯了学校里的世界地图，在那儿我们能知道一个国家或地区的方位和幅员面积。那么下面一幅特殊的地图将告诉我们，假设各个国家或地区的面积与它们在当今国际贸易中的份额一致时，世界会是什么样子。你会惊异地发现整个非洲的面积（即它们在国际贸易中的份额相加）还不及一个岛国日本。而花园城市新加坡的面积足可以与葡萄牙一比高低。

▣ 繁荣的地中海

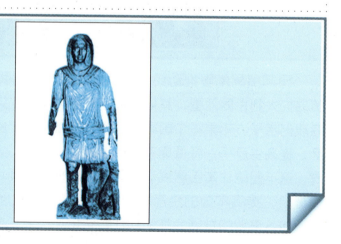

无论是成功的腓尼基商人还是后来的古希腊人，他们的商业往来都借助地中海便利的水上运输，从希腊贩运奴隶，从埃及运来谷物和象牙，一时间地中海商贾云集，成为名副其实的商贸中心。但当时的经济主要还是自然经济，人们都过着自给自足的生活，生产技术也很落后，贸易商品的种类单一，主要是奴隶贸易和为了满足贵族阶层消费的奢侈品，对外贸易在整个经济生活中扮演着微不足道的角色，依靠商业繁荣起来的城市在当时仅仅是凤毛麟角。

丝绸之路

丝绸之路的开通应归功于两个人：汉武帝和张骞。汉武帝遣张骞出使西域的本意是为了联合大月氏对抗匈奴，但在无意间却发现了这条连贯欧亚的古商道。不知疲倦的人们带领着满载货物的骆驼商队由长安西行经兰州、敦煌至楼兰，再兵分两路或南下至印度，抑或再西行至中亚、欧洲。就这样，中国的丝绸和瓷器源源不断运往印度、中亚，乃至大秦（即古罗马）；中亚的土特产，像在今天司空见惯的葡萄、胡萝卜也由此在中国安家落户。这条贯穿东西的走廊全长7000多千米，是古代最长的商路，它使得横跨亚欧的丝绸贸易成为经常性的商业贸易。

✷ 商人行会的兴起

006

　　欧洲中世纪，城市在争取自由自治的斗争中，商人行会作为城市斗争的先锋和获益者脱颖而出并成长壮大。它们往往以特许状的方式从封建主和国王手中获得各种经商乃至政治的特权。在某种程度上，商人行会就是城市的管理机构。在英国，商人行会会长被称为"埃尔特曼"，是仅次于市长的大人物。在法国，巴黎商人行会的会长拥有广泛的权力，他的司法审判权不但及于商会成员，而且及于全体巴黎市民。贸易的发展使商会势力强大，而商会能力的扩大又增加了商人管理城市的权力，这使商会能够制定更加有利于贸易发展的规则，推动贸易的发展。

✷ 拜金主义的盛行

通过商贸活动，人们积累了大量的金银。从国王到平民，从教皇到神父都形成了金钱至上的观念，金银成为财富的象征和国家强盛的标志。对外贸易对国家繁荣的重要作用得到了人们的共识。各国的君主想方设法鼓励出口，而进口则被认为是一件坏事，因为国家不得不为每一件进口品付出真金白银，为此各国对进口品征收高昂的关税。英国国王爱德华三世甚至颁布法令，规定任何人未经许可不得私自将金银带出国外，来往商人在英国的销售收入要全部用来购买英国的产品。拜金主义如同瘟疫一般在整个欧洲大陆流行起来。

"一位蜡烛商的请愿书"

有时面对荒谬的行为，恰当的讽刺要比呆板的说教更富影响力。法国经济学家巴斯夏假借一个要求过度国家保护的行业主之名，讽刺了那些旨在排斥外国产品竞争的保护主义者，对其进行了有力的反击，原文如下，致国民议会：我们正在同国外对手进行着一场令人难以忍受的竞争。这个对手生产光线的条件十分优越，可以用很低的价格占领我们的市场。这个对手不是别人，而是太阳，为此我们请求通过一项法案，关闭和堵塞所有的可以透光的窗户、通道和缝隙，使他们无法损害我们这个为国家谋福利的产业。签名：蜡烛制造商。

❋ 工场手工业的发展

　　14、15世纪，在地中海沿岸的威尼斯、佛罗伦萨和尼德兰等地出现了资本主义萌芽。在这些城市中，手工业者在商品竞争中不断分化，少数富者成了资本家，破产的手工业者成为雇佣工人。由于工业的需求更加旺盛，更加迫切，过去以家庭为单位组织劳动已经不能生产足够的产品，办工厂的传统方式改变了：以前，标准的方式是手工劳动者把活计拿回家中去做；而今是把工人雇到工场里在工头的监督之下劳动。小生产者失去独立的地位，成了领取计时工资的雇佣工人。扩大的手工业生产为国际贸易提供了更多的可供国际交换的商品。

❋ 君士坦丁堡的沦陷与东西方贸易的衰落

14世纪中期，欧洲一片大好的国际贸易形势突然间急转直下。最初是由于1348年到1350年黑死病的蔓延使欧洲经济元气大伤；接着，连年不断的地方性战争阻碍了地区之间的贸易；1453年，奥斯曼帝国攻陷君士坦丁堡，一举夺取了地中海东岸。土耳其大帝征服了远东，占领了欧洲通往东方的重要商业据点，这不仅标志着一度如火如荼的基督教事业的终结，也使昔日繁荣的东西方贸易陷入了低潮。与此同时，阿拉伯人还独占了东西方贸易的陆路通道。

地理大发现

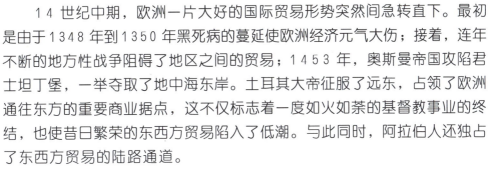

15世纪末至16世纪初的地理大发现为国际贸易的发展注入了新的生命力，东西方主要的商路由地中海转移到了大西洋沿岸，新航线的开辟使大西洋和印度洋取代了封闭的地中海，狭小的地中海贸易扩展成为世界性贸易。一批新兴商业国家，如西班牙、荷兰和英国先后崛起。欧洲同亚洲、非洲之间的贸易变得更为便利，和美洲也建立了联系，对外贸易的数量和种类猛增。美洲的可可、烟草，非洲的咖啡，中国的茶和欧洲的纺织品成为国际贸易的主要商品。国际贸易得到前所未有的发展，一个完整、统一的世界市场正在形成，而这一切都要归功于那些富有冒险精神的航海家。

☀ 新航路的开辟

　　自从古罗马人将第一袋印度的香料带回欧洲，它立刻成为了欧洲人的最爱，这也导致它的身价扶摇直上。在中世纪如果想表示某个人富可敌国，就可以谑称他为"胡椒袋"。香料的高昂价值和它们所提供的巨大利润，足以抵消远程贸易的风险。但使欧洲人头痛的是掌管红海门户的伊斯兰国家（埃及同叙利亚）不允许任何的基督教船只通过红海。经营东方的贸易只能通过土耳其人或者阿拉伯人等中间人。面对丰厚利润的诱惑，西方各国强烈希望能够找到一条通向东方的自由的、无需纳税、畅通无阻的道路。

☀ 人类的耻辱——奴隶贸易

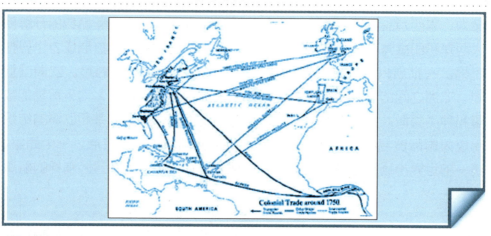

欧洲对美洲的开发初期主要依靠奴役当地的印第安人，但由于恶劣的自然条件和体力上的原因造成了当地土著居民数量的急剧下降。劳动力的不足导致蓄养黑奴在美洲勃然兴起。15世纪中叶，这项由葡萄牙人垄断的事业很快发展为多国自由竞争的国际贸易，并且持续了长达400年之久。从16世纪起到19世纪末，约有1500万的黑奴被运到美洲，加上掳掠过程中的伤亡和航运途中的高死亡率，这场空前的种族劫难使非洲至少损失了5000万的精壮劳动力。毫不夸张地讲，开发美洲的历史同时也是一部黑奴的血泪史。

海上马车夫

17世纪，资本主义在欧洲得到了发展，各国的往来贸易变得频繁。在当时贸易主要是靠海运，船只如同陆地上的马车，谁拥有的"海上马车"多，谁就掌握了世界贸易，也就掌握了世界的财富，进而掌握了世界本身。荷兰依靠发达的造船业和庞大的船队成为当时的"海上的马车夫"，它几乎垄断了海上贸易。挪威的木材、丹麦的鱼类、俄国的毛皮、东南亚的香料、中国的丝绸大都由荷兰商船运送，阿姆斯特丹成为国际贸易的中心。荷兰的军舰在各大洋游弋，保护本国商船从事海外殖民掠夺。但好景不长，17世纪中叶，英荷海上争霸战以荷兰惨败告终，从此荷兰一蹶不振。

❈ "羊吃人"的运动

012

英国空想社会主义者莫尔·托马斯在《乌托邦》一书中写道："绵羊本来是很驯服的，所欲无多，现在它们却变得很贪婪和凶狠，甚至要把人吃掉……"这究竟是怎么一回事呢？原来，地理大发现后，大量的白银从美洲涌入欧洲，人口的增长和美洲新的市场导致需求旺盛，引发了物价上涨。从1540年到1640年，物价上涨了6倍，想一想这会对谁的影响最大呢？对，就是那些依靠固定货币收入的人尤其是收取地租的贵族们。15世纪末，毛纺织业的迅猛发展，使得羊毛的需求量逐渐增大，羊毛价格开始猛涨。圈地之风日益盛行，使许多农民流离失所，境况悲惨。

❈ 产业革命与贸易

这是继新石器时代农业革命之后人类历史上最伟大的革命。它来势凶猛，所到之处国家面貌无不焕然一新。最早它在英国登陆，继而来到欧洲大陆，在那里推翻了封建王朝；它落脚美洲，点燃了独立战争的火炬。产业革命不仅使政治版图发生巨变，更重要的是，它促进了工业的发展，使可供贸易的产品极大丰富。从此，社会的生产再也不是由一个人生产自己全部的产品了，每个生产部门也只能说是整个社会生产这个大机器的一个零件，人类社会终于进入了一个以贸易为支撑的崭新形态。

❋ 世界工厂

　　产业革命使英国的生产能力得到迅猛发展，形成了以棉纺织业、采煤、机器制造业为主的工业格局。1825年英国解除了关于机器出口的禁令。由于英国的机器制造业发展较早，具有很高的水平，它的机器制品很快就垄断了整个世界市场。19世纪中叶，英国的棉纺织制品20％销往国外，而所需的生产原材料几乎全部由海外市场提供。廉价工业品很快冲垮了落后国家的手工业，迫使它们用原材料和初级产品交换所需的工业品。于是形成了英国向全世界提供工业制成品和先进的技术，再从世界的各个角落购买原材料和初级产品的格局，英国成为了名副其实的世界加工厂。

❋ 竞争还是互惠

014

　　国家间要不要进行贸易，国际贸易会带来财富的流失吗？这个问题被争论了几百年。直到1776年，一位伟大的经济学家亚当·斯密提出了自己的观点。他认为国家间的贸易是一件互惠互利的好事情。如果外国能够提供给我们比自己制造还要便宜的商品（即在生产这种商品上具有绝对的优势），我们为什么不用其他我们擅长生产的、便宜的商品和他们交换呢？这样一来，国家的资源都被用来生产效率最高的产品，再通过自由贸易的方式交易彼此的商品，那么世界的生产效率就会提高，人们就可以消费到更多的产品，世界财富就会增加。

❋ 情人节玫瑰里的经济学

1996 年的情人节同往常一样，火红的玫瑰点缀着冬日的城市，到处弥漫着浪漫的气息。唯一特别的是这一年的节日恰逢美国大选前夕，各党派候选人正加紧做最后的努力。为妻子挑选了鲜花后，共和党候选人布坎南不失时机地做了一场演讲。他谴责南美冬季玫瑰的进口损害了美国鲜花种植者的利益。这一年种植业者的选票花落谁家我们无从知晓，然而布坎南的错误却是显而易见的。他没能看到冬季玫瑰的生产挤占了原本要投入其他高效的产业比如计算机业的资源，而这正是美国的优势所在；同样，地处另一半球的南美正值夏季，阳光充足，这就决定了它在生产玫瑰方面具有绝对的优势。

李斯特论幼稚工业

李斯特生活在 18 世纪的德国，当时的德国经济落后，国运不昌。李斯特迫切想改变祖国的命运，希望有朝一日德国能成为世界上最强大的国家。他反对盲目地推崇自由主义，认为只有当每个国家都达到了所能达到的最高阶段并"有一个包括一切国家在内的世界联盟作为持久和平的保证"，自由竞争和自由贸易才对一切国家都有利。德国正处于从农工业阶段向农工商阶段的过渡时期，工业尚未成熟，这时国家必须通过关税保护对其加以扶持，虽然短时期国内工业品的价格会居高不下，但经过相当时期，国家拥有了自己充分发展的工业后，商品的价格会自然回落。

日本制造

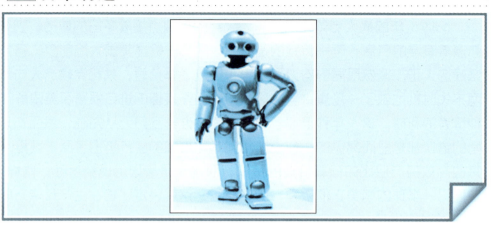

1915 年一位澳大利亚的"日本通"曾给日本政府这样的评语："从商业观点看日本，我很遗憾地讲，贵国并没有良好的声誉，劣质的产品、交货的延迟使人时刻担心……贵国人民喜欢闲散的生活方式，他们告诉我这种民族性是无法更改的。"时至今日，有谁能相信，二战前，日本货（Made in Japan）曾是便宜和模仿的代名词呢? 我们不妨再引证美国专家对现在日美两国产品所做的比较：美国 Hewlett-Packard 公司指出该公司分别向美国和日本订购的芯片中，美国的不合格率为 0.16％，而日本则全部合格。在使用 1000 小时后，日本的报废率为 0.014％，而美国的则为日本的 10 倍。

贸易商品也会变老吗

美国人弗农认为贸易商品和人一样也有自己的生命周期，也会变老。处在不同成长阶段的商品由具有不同比较优势的国家生产。一种新产品的问世，需要大量的资金和高素质的人员开发和研制，这时美国这类在技术上拥有比较优势的国家为其生产国。由于产品缺少竞争，定价会很高。高额的利润刺激其他国家研制替代产品并不断完善，产品也随即进入成长期，工业国如日本则成为其主要的生产国。随着技术的成熟，多国的竞争使价格下降，技术优势不再明显，为了降低成本，产品的生产会再次发生转移，自然资源丰富，工资水平低的发展中国家成为上上之选。

产业内贸易

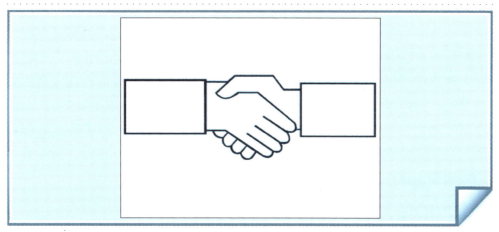

　　传统的国际分工理论认为，国家的生产力水平越是相差悬殊、资源禀赋差异越是显著，那么它们之间的贸易量就会越大。而20世纪80年代以后，贸易的新发展却与传统理论的预言相悖，发达国家间的贸易逐渐超过了大宗工业国与原材料供应国之间的贸易。而且发达国家相互的贸易主要集中在同一门类的产品，比如在日本汽车进军德国的同时，德国的大众汽车也在日本热销。这是传统的国际贸易理论所无法解释的。难道是经济学家出错了吗？如果不是，究竟是何种因素促成了这一新的贸易发展趋势？经济学家孜孜不倦地寻找着背后的动因。

我们的口味相同

　　瑞典经济学家林德认为，发达工业国间频繁的产业内贸易，完全是由工业国居民的相近的消费水平和相似的消费偏好造成的。当企业家在本国市场上发现对某种新产品的需求十分迫切，他就会马上组织人力和财力投入对这种产品的研制和开发。而通常来讲别国的企业家对该需求是不易发觉的，即便是知道了，由于对国外市场情况不了解，他也很难生产出适合这个市场口味的产品。当本国厂商占领了本国市场，为了实现规模经济，它会选择向海外市场进军，这时和本国经济发展水平接近、消费喜好相似的国家就成了最佳的选择。

大的是美好的

现代工业经济犹如一片形形色色的企业组成的经济丛林。在某些行业，当生产规模扩大时，生产效率也会随之提高。这就意味着：增加一倍的投入获得的将是大于一倍的产出。明智的经营者无疑会放弃生产同一系列的全部产品转而生产其中的几种，以专业化生产实现规模经济。而作为市场另一端的消费者却希望有多一点的选择。此时产业内贸易在这一过程中扮演了一个关键的角色。它使各国的厂商既能享受到规模生产的好处，同时又不以牺牲消费的多样性作为代价。

新贸易保护主义的盛行

通过实践幼稚产业理论，美、德、日先后跻身于发达工业国之列。可保护主义并未就此销声匿迹，只不过保护的对象改变了，受保护的不再是成长中的产业而是成熟的、具有垄断地位的产业；同时保护手段也发生了变化，政府不再依赖保护性关税，而是采用了发放进口配额、提供出口信贷、补贴等措施。保护的目的也不再是为了培育最终自由竞争的能力。为了维持在国内外市场上的占有率，就连自由贸易的倡导者英国也高举起了保护贸易的旗帜。世界贸易空前萎缩，整个世界经济陷入混沌无序的状态，经济萧条像个幽灵久久在欧洲大陆徘徊。

谁受到了保护

020

为了抵制来自韩、日的竞争，美国采取了进口配额限制政策来保护本国的工业；欧洲的共同农业政策使得大量农产品的价格是世界价格的2～3倍。作为一个实际问题，我们需要知道谁是受益者，谁又是受害者？这一切是政治家深思熟虑的结果，还是另有奥妙？我们知道政治家要想获得选民的支持，就必须提出受民众欢迎的主张。但任何成功的竞选都需有雄厚资金来支持，也就是说，大笔的竞选经费有可能左右政治家的立场，所以那些财大气粗或是有着一定政治影响力的团体就可能因此受到额外的保护。

"普瓦蒂埃效应"

普瓦蒂埃是位于法国北部港口数百英里的一个内陆小镇，你甚至在地图上找不到它的踪迹，可就是这个不起眼的小镇却阻挡住了日本家电占领法国市场的强大攻势。1982年10月，法国宣布所有录像机进口必须通过普瓦蒂埃海关进行检查，而且还必须通过一套极其复杂的检验手续：每个箱子都必须打开，校对序号，查看是否配有法语说明。这样一来，原本每个月进口达数万台的日本录像机而今一个月只能进口千余台。有时政府为了限制进口并没有必要做得非常正规，只要扭曲一下正常的卫生、检疫或海关手续，其目的就可以轻而易举地达到了。

环境保护主义还是贸易保护主义

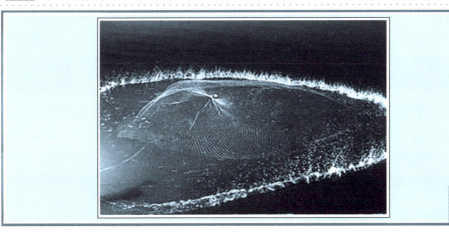

航行在蔚蓝的海上，人们会为看到海豚的水上表演而欢欣不已，有经验的水手会告诉你这表示在它们的下面正有大量的金枪鱼群出没。而这正使这些聪明的海洋哺乳动物遭到了灭顶之灾，渔民们撒下大网捕获金枪鱼的同时它们也无一能够逃脱。1990年，应环保主义者要求，美国开始禁止进口用这种方法捕获的金枪鱼。条例实施不久，金枪鱼的主要出口国墨西哥向GATT提出上诉，结果国际法庭认定美国无权将自己的环保准则强加于他国。随着人们对环保的关注，未来的贸易政策可能会遭遇一系列来自环境问题的挑战，许多专家期待在未来的国际贸易谈判中考虑这一因素。

非经济的因素

　　经济福利是一个国家追求的终极目标吗？显然不是，法国保卫本民族文化的运动就是一个范例，这样做无疑是贸易自由化的倒退。但谁又能批评这种做法呢？毕竟我们除了物质财富之外还有更重要的要留给子孙后代。随着越来越多的舶来文化充斥巴黎喧闹的街区，法国人发现自己的文化正处在重重危机之中。外来词使原本优美的法语充满了异国的音符，这是深以本国文化为荣的法国人所无法忍受的。在这些舶来品中以美国文化居多，于是他们开始对美国进口的电影和电视进行严格的配额限制。即便是多次受到美国的强大压力，法国依然初衷不改坚守着本国这片"阵地"。

出口越多越好吗

不是吗，这样我们就有更多的外汇了！但先让我们看一下发生在巴西的怪事。巴西一向享有咖啡王国的美誉，然而随着巴西咖啡生产能力的提高，咖啡豆的出口创汇能力反而下降了。经济学家的解释是，在固定的国际价格下，增加出口的确可以增加外汇收入，但巴西咖啡豆的供给占世界总需求的比重很大，供给增加而需求又没有太大的变化，故巴西会遇到前面的情况，陷入了贫困化的增长。通常我们用贸易条件来衡量一个国家创汇能力的变动。如果一国用很少的本国产品就能换回大量的进口品，则称贸易条件有利；像巴西这种情况就称为贸易条件不利。

进口替代

二战的硝烟渐渐散去，摆在发展中国家面前的难题是如何尽快地发展本国经济。一种观念开始迅速流行：经济发展的关键在于拥有强大的制造业。20世纪中期，拉美国家出现了进口替代工业化的高潮。各国纷纷提高进口关税，实施进口配额政策以鼓励用国内制成品代替进口品。支持该做法的人觉得世界已被工业化国家操纵，从而不利于后来的参与者，唯一的出路就是割断同发达国家的联系，走民族工业化之路。作为鼓励制造业增长的战略，进口替代的确发挥了作用，渐渐地拉美制造品占其总产出的比例几乎同发达国家持平。

 ok

✴ 进口替代政策的反思

　　在大多数国家，城市的收入水平几乎是乡村的两倍。一些富裕国家的支柱产业也往往集中在服务业和商业。看到这一切，更使发展中国家坚定了走进口替代的工业化之路。究竟工业化是不是富裕起来的原因呢？你或许听过这样一句话：富人开宝马，可开宝马并不会使你成为富人。当穷国拥有了自己的民航公司和国产钢铁业之后，并不一定就会踏上经济发展的康庄大道，这些并非经济增长所必须。近些年来，一些发展中国家以牺牲农业为代价，人为地加快了工业化的步伐，可是结果却未能带给它们所希冀的繁荣和增长。

✴ 出口导向

024

　　发展中国家是应该自给自足，用国货代替进口品，还是应该坚持进口以提高效率和竞争力，来发展国外市场和降低贸易壁垒即走出口导向之路呢？东亚的新兴工业化国家和地区选择了后者，并成为了最为成功的范例，十几年的努力使东亚地区的经济远远超过了进口替代政策盛行的拉美国家，成为了世界的亮点。东亚经济的成功归功于它的"外向型经济政策"，也许它们的政策并不完全与自由贸易的原则一致，但无论如何，在这些国家，贸易的自由度要高于通过进口替代寻求发展的国家。高增长正是对相对开放的贸易政策的回报。

◆ 落后假说

　　现在的穷国绝对不需要培养出一个现代牛顿来发现万有引力定律，随便一本教科书都可以将它阐述得明明白白。同样，它们也不必再经历漫长而曲折的工业革命，如今它们可以通过国际交换获得过去企业家不曾梦想到的先进机械。有时相对落后本身就会推动经济的发展。通过借鉴发达国家曾经的成败经验，学习它们先进的技术，可以使穷国减少不必要的失败。今天发展中国家的发展速度明显地快于1780年到1850年的英国或西欧的国家。由于低收入国家能从先进的国家那里学到更高效的生产技术，我们似乎看到了穷国拉近与富国差距的曙光。

🔰 世界人才之争

　　日本前首相森喜朗抵达印度，访问的头一站并不是印度首都新德里而是南部著名的硅谷城市班加罗尔，这是因为在那里有许多日本急需的信息技术人才。到班加罗尔"挖人"的不仅仅是日本首相，新加坡总理在访问印度时也将这里作为首选之地。印度并不是唯一一个被发掘人才以弥补他国信息工业技术人员不足的国家，美国的猎头也将目光转向了巴西和阿根廷。在这场以IT革命为背景的人才争夺战中得到好处最多的是美国，而提供人才最多则是人口大国——印度和中国。为了在科技、经济竞争中独占鳌头，争夺高级专门人才已成为当今高科技竞争最为突出的特征之一。

🔰 中国人能养活自己吗

国以民为本，民以食为天，食以粮为源。中国十几亿人的吃饭问题一直是人们关心的问题。20世纪90年代，国际上有人危言耸听："在未来的40年中，中国的粮食缺口将为30亿吨，是世界出口总量的近2倍。中国大量的粮食进口将提升粮价，扰乱经济秩序，这无异于出口生态危机。"其实中国人从来就是能自己养活自己的。预计到2010年，中国的粮食总产量为5350亿千克，供求缺口仅为450亿千克，按公认的国际标准，粮食进口依存度低于5%，即表明该国实现了自给，而低于10%，就表明该国粮食供求处于安全状态，根据这一标准中国无疑是处于安全状态的。

跨国公司

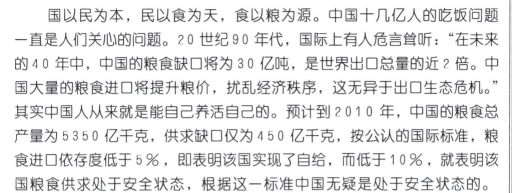

数千亿美元的资产？数十万的员工？《财富》500强？是的，我们要谈论的是跨国公司——国际贸易的主导者。目前世界上共有跨国公司6万多家，子公司80多万家，其贸易额占世界贸易的60%。跨国公司大家庭曾是"嫌贫爱富"的，它的成员必须达到一定标准的：产值在1亿美元以上、并至少在6个国家内投资经营。20世纪90年代以来，随着全球化和新经济的蓬勃发展，中小型公司成为对外直接投资的重要生力军。跨国公司的"门户之见"淡化了，在两个或更多国家开展经营活动的公营、私营或混合所有制的企业实体都可称为跨国公司，不用考虑公司规模。

跨国公司有祖国吗

　　在全球大市场中，跨国公司的投资资本到处安家，建立联系。如雀巢公司在全球160多个国家设有分公司，埃克森石油公司有子公司500多家，遍布世界100多个国家和地区。尽管现在跨国公司的发展趋势是越来越淡化国籍，"以世界为工厂，以各国为车间"，追求全球范围内的利润最大化，但它们依然有自己的母国，那是它们从小到大、从弱到强成长的地方，是公司总部所在地，各种重大决策从这里传达到世界各地，全球子公司的利润在此处汇集，研发成果向各地扩散，《财富》500强根据这些公司的总部所在地标明其地区或国家属性。

成长的烦恼

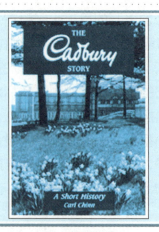

并购使跨国公司成长壮大，但也引发了对管理权的争夺和企业文化冲突，这在跨国并购中表现尤为突出。英国吉百利公司收购美国七喜后，由于不同的管理方式和文化冲突，七喜每况愈下，最后卖给了百事可乐，吉百利公司感慨"软资产的整合难上加难"。1998年德国奔驰收购克莱斯勒，合并组建成世界第三大汽车制造集团，大众媒体纷纷看好这一异国婚姻，谁知4年后的今天竟要走到"劳燕分飞"的边缘。奔驰更换了克莱斯勒的重要高级主管，克莱斯勒指责奔驰"傲慢无礼"，不是原来承诺的"平等并购"，核心研发人员纷纷出走，克莱斯勒陷入亏损境地。

"本地化"战略

比尔·盖茨在2001上海APEC工商峰会上的演讲中说的最多的就是"要充分利用中国丰富的人力资源"，并宣布要在中国实施"ARCHITECT2000"高级软件人才培训计划；可口可乐推出符合中国人口味的"天与地"、"醒目"系列品牌；美国通用公司于新世纪明确提出，要使中国成为通用电气的第二故乡。这些都是跨国公司实行"本地化"战略的体现。"本地化"曾是东道国控制跨国公司经营行为的政策要求，如今却是跨国公司主动选择的经营方略。因为本地化的生产、销售有利于扩大品牌影响，降低销售费用，以及绕开各种进口壁垒，最终实现在当地的"融资、融智、融文化"。

ok

☀ "挑奶皮"

　　奶皮是牛奶中的精华部分，"挑奶皮"是取走精华不及其余。东道国希望利用外资促进本国经济增长，但世界上没有救世主，外国投资者在东道国投资时，显然要从利润最大化目标出发，倾向将资本投向东道国利润丰厚的行业和部门，且不承担这个国家同类企业的社会责任和义务。外国投资者只挑选最有盈利前景的项目投资，同时还要享受与国内企业相同甚至更好的价格、税收等优惠政策，从而产生"挑奶皮"投资现象。ＯＥＣＤ的报告显示，国外直接投资对东道国资本形成的重要性一直在下降。外资投向的控制权落入投资者手中，已经成为东道国的最大顾虑。

☀ 应对跨国公司之人才争夺

入世后，经济的发展和国民收入的提高，使劳动力成本随之上升，中国劳动力价格低廉的比较优势将逐渐丧失。这种情况在沿海发达地区已经出现。国有企业、民营企业也将拥有与跨国公司一样灵活的人力资源管理制度，如给予企业核心员工股权和期权的激励、对员工进行定期的培训等等，跨国公司将不再是唯一能够吸引金凤凰的梧桐树。微软、诺基亚等跨国公司面对中国入世的第一反应便是加强中国的研发力量和争夺技术和管理的人才。到名牌高校抢优秀毕业生，免费提供机票到公司考察，承诺各种培训机会等做法就是这种危机意识的体现。

应对跨国公司之软环境约束

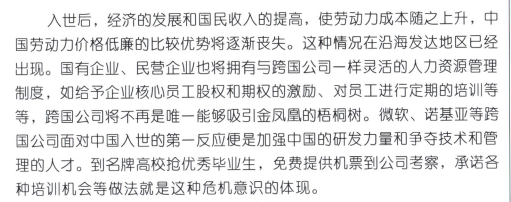

　　跨国公司抢滩中国并不意味着可以轻松享用免费的午餐，中国短短20年培育出的市场机制使跨国公司不得不面临一定的软环境约束。其中，中国的法律环境是入世后跨国公司在经营业务上的主要障碍，而欺诈及侵权是最大的风险，因此它们很关心中国履行世贸承诺的步伐和程度。其次是金融环境的束缚，由于目前中国的金融机构业务单一，股市不够健全，很难满足跨国公司多样、灵活的融资需求。并购是简化运营、迅速进入市场的有效手段，中国目前的企业并购活动也日益活跃，但对国有资产处置的谨慎常常使跨国公司望利兴叹。

◆ 超越竞争

　　"与狼共舞"和"羊入虎口"集中反映了中国企业面对跨国公司竞争时的战略态度，但下面的故事应该能给中国企业更多战术上的启示。两个小孩去森林玩，兴高采烈之际突然发现一只大熊正向他们冲来。一个孩子慌不择路地逃跑，另一个孩子却在镇静地穿跑鞋。第一个孩子疑惑不解："你觉得你能跑得比狗熊快吗？"穿鞋的孩子头也不抬地答道："我的确跑得不比狗熊快，可我只要跑得比你快就行了。"这就是关于超越的竞争，也许残忍，但不能否认它的公平，也是非常时刻的生存之道。在中国的大舞台上，是谁在扮演那个穿鞋的小孩，谁又是另外一个呢？

◆ 品牌

莎士比亚曾经问道："名称有什么用？"从事国际营销的人会回答："比你想象的有用得多。"的确，品牌是一种无形资产，代表企业对其产品和服务的承诺。它能够吸引消费者的眼球，使产品从同类商品中脱颖而出。因此一个好的名称，一个醒目的品牌形象对产品非常重要，出口产品尤其如此。"可口可乐"、"百事可乐"的翻译名称已成经典案例，这无疑起到了很好的促销作用。"金利来"最初的名字是"金狮"，但在粤语发音中很不吉利，改名"金利来"后销量大增，最终成为一个众口皆碑的品牌。

偏偏喜欢你——培养顾客忠诚度

商场里陈列着眼花缭乱的商品，你为何偏偏选了某一品牌？因为你对此品牌有了忠诚度，你信赖它，认为它代表了你的某种个性和理念。很显然，顾客忠诚度有助于维护产品销售的市场份额。因此，企业也要注重培养顾客忠诚度，柯达公司是这方面成功的典范。柯达一直坚持在儿童中推广摄影，更有在一次生日宣传中，把50万台相机赠给儿童。想想看，在生日当天兴奋地收到礼物的小朋友，终其一生都将维持对柯达品牌的特殊感情。露华浓公司在出售香水的同时，也是在传达香水所代表的生活方式，从而吸引了一批"志同道合"的忠诚顾客。

ok

国际营销

首先我们可以这样理解营销：在合适的时间地点以合适的方式将合适的产品送到合适的消费者手中。这不是在玩文字游戏，要实现这四个"合适"是大有学问的，需要一定的营销策略组合，基本的是 4 P：产品（PRODUCT）、价格（PRICE）、渠道（PLACE）、促销（PROMOTION）。国际营销因为跨越国界，企业要应对与本国不同的经济、政治、法律、文化环境，在策略组合上有更多复杂、琐细的问题需要考虑。"一招走错"，则会"满盘皆输"。

打造中国自己的国家营销战略

　　20 年前的中国，产品是稀缺资源，产品制造是整个经济的价值核心。如今，消费者代替产品成为稀缺资源。正如上面的例子所讲，品牌和营销是吸引消费者的关键所在，纯粹的加工制造是不能获得高附加值的。中国已经制定自己的产业战略，确定自己的优势在制造业。但一个只关注价值链中最薄弱环节的产业策略是不能支撑未来中国经济发展的，中国不能只是为世界制造产品，它还要为世界建立品牌，为世界销售产品。打造中国的国家营销战略就是要改变以产品制造为核心的思维方式，建立以品牌管理和渠道建设为核心的思维方式。

突出重围——点评中国企业营销

　　面临入世后与外国公司短兵相接的"抢滩战"，中国企业营销"突围"在即。最早参加国际竞争的中国家电行业，营销模式的单一导致恶性的价格战，最终使全行业亏损。盲目"跟风跑"也使不少企业"赔了夫人又折兵"。只要市场上热什么，什么就遍地开花，最终砸了一个品牌，乱了一个行业。中国企业营销滞后的"瓶颈"在于观念的错误、策略的盲目、手段的落后和队伍素质的低劣。要与国外大公司竞争，中国企业必须要"换脑"（转变观念）、"查体"（转换机制）、"美容"（塑造形象）、"健身"（增强实力）。

✹ 绿色营销

　　为什么肯德基、麦当劳的汉堡薯条用纸袋包装，而不是我们常见的塑料袋？为什么海尔家电能够畅销欧美，而其他企业的产品屡遭"闭门羹"？答案是他们推行了一种新的营销战略——绿色营销，即注重环保，为企业利益、消费者利益、社会利益的统一而定位产品和企业形象的营销理念。德国的"蓝色天使"计划，美国和加拿大的"环境标准制度"都体现了国家的绿色营销战略，而对无法达标的产品它又是一种"绿色壁垒"。因此许多大企业如杜邦、宝马、飞利浦等纷纷实行"绿色营销"，相信这一绿色风潮可以给大打"价格战"的许多中国企业带来新的启示。

✹ "中国制造"

“中国在21世纪将成为世界工厂”，“MADE IN CHINA”将登大雅之堂，国人为此很觉扬眉吐气。然而，请看下面的例子：一件HUGOBOSS衬衫，在纽约第五街SAKS百货公司的售价为120美金。在这120美金中，SAKS拿到72美金，HUGOBOSS公司拿到36美金，中国的加工企业只拿到12美金。为什么这么分配？因为SAKS百货公司是少数几家可以吸引消费者花120美金买衬衫的零售店之一，而HUGOBOSS独特的设计和品牌维护着它在消费者心目中的高价值形象。但无人关注加工企业，它只能用低廉的价格和卓越的质量来赢得订单，而利润极其有限。看来，欢呼的同时我们应该警醒。

广交会

巡视广州商品交易会的展馆，自豪之情油然而生：37个展厅、5万多个展位，从高科技、高附加值的机械电子、家用电器，到设计新颖、品种多样的纺织服装、轻工工艺品，应有尽有；第104届广交会累计出口成交315.5亿美元，每年两届成交额约占全国一般贸易出口额的1/3……中国出口商品交易会是中国进出口公司邀请国外客户参加的、展览和交易相结合的商品展销会，每年春秋两季在广州举行，因此又称广州商品交易会。1957年，中国举办首届广交会，其52年的发展历史见证了一个贸易大国的崛起。

❋ 国际博览会

　　熙熙攘攘的人群，此起彼伏的吆喝声，面红耳赤的讨价还价，这是我们目前还能看到的集市景象。集市是最古老的贸易方式，而国际博览会是由区域性集市发展起来的国际集市，真正意义上的国际博览会产生于1851年的英国伦敦，当时在海德公园的水晶宫举办，吸引了亚非欧各国的商品参展。这种贸易方式传入法国时，曾促进了艾菲尔铁塔的诞生。国际博览会不仅为买卖双方提供了交易方便，而且越来越多地作为产品介绍、广告宣传和技术交流的重要方式。使中国茅台摔瓶飘香、一举成名的巴黎博览会属于综合性博览会，中国珠海航展则属专业性博览会。

❋ 关税同盟

关税同盟是一种重要的区域经济一体化形式，即两个或更多结盟国家签定协议，相互间免征关税，取消其他与关税同等效力的壁垒，并对非同盟国家实行统一的关税率，关税同盟在一体化程度上高于自由贸易区。显然，同盟内关税的取消能够增加参加国之间的贸易，因为交易成本大大降低了，而且还能节省一部分海关管理费用，因此必然导致成员国福利的增加。而对整个世界，虽然不能像完全的自由贸易那样达到福利最大化，但也能增加世界福利。

欧共体诞生的风雨之夜

欧洲是一片传奇的大陆，这里孕育了璀璨的文明，也释放出了战争的恶魔。千百年来，这里纷争不断，战事不休。宗教冲突、民族仇恨、利益争夺，种种矛盾盘根错节，理不顺，剪不断。科技的进步、生产的发展，不但没有给这些问题的解决带来希望，反而使战争愈演愈烈，两次旷日持久的世界大战，几乎将整个欧洲化为灰烬。即便是这样，那些原有的矛盾也没有得到真正的解决。不仅如此，意识形态的斗争又把这广袤的大陆一分为二，双方剑拔弩张，蓄势待发。大战后的欧洲表面平静，实则暗流涌动，危机四伏。

舒曼计划

　　到法国巴黎，有一个地方你不得不去，那就是舒曼广场，其得名与一位伟人有着直接渊源。1950年5月9日，法国外长舒曼发表了在欧洲历史上影响深远的声明。声明指出：欧洲统一的关键在于解决法德冲突，而解决两国矛盾的有效途径就是把法、德的煤钢生产置于一个其他国家可参加的高级联营机构的控制下。这不仅使德国的军国主义复活在物质上不可能，而且为各国制造业发展提供同等条件的原材料供应，进而能促进各国经济的联合与统一。舒曼的这一开创性建议为"欧洲联邦"的实现找到了切入点，舒曼广场也是因纪念他而得名。

欧洲煤钢共同体

　　舒曼计划出台后，得到了周边国家的响应，1951年4月，法国、德国、意大利、荷兰、比利时、卢森堡六国签署了欧洲煤钢共同体条约，规定了在六国间建立煤钢产品的共同市场，取消关税、配额和其他歧视性措施，煤钢产品不受国界限制自由流通、平等竞争，并通过控制原料分配、产品价格、企业投资等调节共同体成员的煤钢生产。六国后来又建立了共同议会、部长特别理事会和法院等超国家性质的"协调机构"。欧洲煤钢共同体的建立和发展不仅促进了成员国的煤钢生产和内部贸易，而且使欧洲向经济联合迈出了实质的一步。

▓ 良好的开端——罗马条约

　　欧洲煤钢共同体成立后，六国就全面开展一体化进行了一系列的磋商和谈判，并于1957年3月签署了《罗马条约》，成立了欧洲共同体，又称欧洲共同市场。欧共体经济一体化是从关税同盟出发的。这是非常策略的选择，因为成员国让渡的仅是关税自主权，易于为各国人民和议会接受。关税同盟对内取消了成员国之间的关税、数量限制及其他具有同等效力的阻碍贸易的措施，对外实行共同的海关税则，即统一对外税率、海关估价、商品分类目录和原产地标准。关税同盟的建立使贸易成为六国经济增长的发动机，欧共体在世界贸易中的整体地位显著提高。

✹ 都是补贴惹的祸——欧洲共同农业政策

　　众所周知，欧盟和美国是政治上的亲密战友，也是经济上的好伙伴，但它们却常为一个问题闹翻脸，那就是农产品问题，乌拉圭回合也是因为欧美在农产品市场开放问题上的分歧而谈了漫长的 8 年。其实，这些都根源于欧洲共同农业政策。根据《罗马条约》，欧共体制定了统一的农产品价格，建立共同的对外关税壁垒，对进口农产品征收差价税，给予农产品出口以补贴。共同农业政策的实施，使欧洲农业发生了深刻变化，过去进口的产品实现了自给自足，过去大幅波动的市场迅速得到了稳定。但它对美国农产品的进口构成了贸易壁垒，从而引发欧美争端。

✹ 欧盟里程碑——《马约》

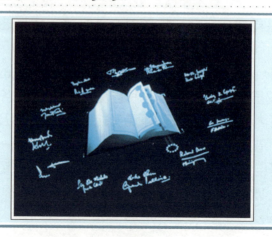

　　美丽的荷兰小城马斯特里赫特将永远载入欧洲一体化的史册。1991年12月，这里通过了具有里程碑意义的《欧洲联盟条约》，又称《马约》。20世纪90年代初，欧洲局势发生深刻变化，苏联解体，两德统一，原有均势被打破，欧洲迫切需要构建新的安全结构。在欧洲政治联盟上，《马约》就共同外交和安全以及法律和内务合作等问题做出规定。在经济与货币联盟上，《马约》规定在欧共体内建立内部大市场，实现商品、劳务、资本、人员自由流动，实行共同的竞争、产业和区域等政策，并分阶段实行货币联盟。有了《马约》的引导，才有了今天的欧元和最成熟的一体化组织。

"回归欧洲"

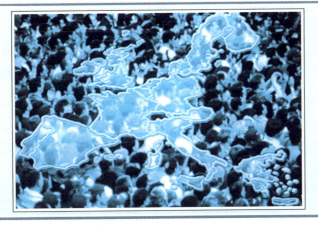

　　"回归欧洲"曾是中东欧国家希望摆脱苏联（俄罗斯）控制的政治口号，柏林墙倒塌及苏联解体后，中东欧国家普遍认同西方现行的政治价值取向（建立民主多元化的公民社会）和经济制度（建立市场经济）。重新喊出这一口号具有更多含义和实现的可能：天主教和新教是双方共同的核心价值观，具有历史文化基础；空间地理上紧密相连；缩小同西欧国家的经济发展和生活水平差距构成"回归欧洲"的强大经济驱动力。鉴于欧盟是"精神家园"和经济繁荣的双重代表，它强烈吸引着迫切希望赶上西欧的中东欧国家，成为它们"回归欧洲"的目的地。

欧盟东扩

TRAITÉ DE NICE
26 FÉVRIER 2001

044

　　"回归欧洲"并非中东欧国家的一厢情愿，西欧国家也从未放弃"统一欧洲"的梦想，因此双方开始了亲密接触的历程。1990年1月，欧共体委员会起草了"欧洲协定"，以"反映地理接近、共享价值和日益增加的相互依存关系"。随后5年里有10个中东欧国家成为欧共体"联系国"。1993年6月，欧委会确定联系国成为正式会员的"哥本哈根标准"：联系国须保证民主法制的稳定、尊重人权和保护少数民族权益，存在行之有效的市场经济，能够适应欧洲内部竞争压力。经过严格考察和审核，1999年波兰、捷克、匈牙利三国成为欧盟成员，然而欧盟东扩步伐并未停止。

北美自由贸易区

冷战结束和欧洲联合的发展，使一直是资本主义"大哥大"的美国感到了莫名的失落。1989年10月，美国与加拿大达成自由贸易区协议，接着迅速巩固其后院，拉动墨西哥加入。1992年，北美自由贸易区（NAFTA）宣告正式成立。常说"物以类聚、人以群分"，但NAFTA却是世界上第一个由发达国家和发展中国家组成的经济贸易集团，合作领域包括商品贸易和服务贸易，并基本取得了多赢互利的效果。有了NAFTA做后盾，依靠巨大的内部市场，用差别待遇对付外部竞争，美国实行贸易保护主义的底气渐足，且准备"战略南下"，把美洲国家都尽收麾下。NAFTA、EU、APEC终成三足鼎立之势。

APEC就在身边

中国老百姓去的最多的海外观光地——新加坡、马来西亚、泰国，都是APEC成员；使用的日本汽车、美国电脑、韩国手机，是APEC成员国的产品；同是APEC成员的台湾、香港和澳门，与我们血脉相连；APEC上海会议各国领导人的一身唐装让我们更觉亲近。请看APEC的简历：亚太经济合作组织，1989年11月在澳大利亚首都堪培拉宣告成立。现有21个成员，总人口占世界人口的45％，国内生产总值占全球的55％，贸易额占到55％。APEC各成员差异显著，互补性强，存在梯次传递的产业转移机制，内部次区域集团如东盟、北美自由贸易协定等并存，经济发展前景良好。

ok

APEC 方式

与其他区域性集团的排他性不同，APEC 奉行“开放的地区主义”，坚持非歧视原则，APEC 内部的贸易和投资自由化成果同样适用于外部的非成员；成员根据各自经济发展水平、市场开放程度和承受能力对具体产业和部门的自由化进程做出灵活、有序的安排；对发达成员和发展中成员规定了实现最终目标的不同时间表，体现了渐进原则。秉承从 1993 年西雅图会议延续至今的“亚太大家庭”精神，在共同目标下，各成员自主自愿采取单边行动和执行集体行动，通过协调推动贸易投资自由化和经济技术合作“两个轮子”前行。

APEC 中国年

1991 年的汉城（现称“首尔”），APEC 第三次部长会议吸收中国为正式成员；2001 年的上海，中国承办 APEC 第九届领导人非正式会议。这不仅仅是简单的时空转换，更表明了一个强烈的主题：APEC 需要中国，中国也需要 APEC。上海会议围绕“新世纪、新挑战：参与、合作、促进共同繁荣”的主题展开，强调数字共享，通过加强技术合作缩小各国间数字鸿沟；客观分析全球化利弊，加快贸易和投资自由化；开创性地提出以“探路者”方式推动 APEC 合作进程。上海会议为 APEC 的发展注入了新的活力，外电报道，“中国通过上海这个经济中心向世界展示其新形象，APEC 中国年当之无愧。”

“10+3”机制

1997 年在应对亚洲金融危机时，东盟与中国、日本、韩国（“9＋3”）合作机制应运而生。这一机制尊重各国国情多样性和经济发展不平衡性的现实，遵循互利互惠、循序渐进、注重实效的原则，坚持以东盟各国原有合作为基础，充分照顾各方特别是中小国家的利益。这使东盟与中、日、韩合作在全球的区域合作机制中独树一帜，具有坚实的基础和旺盛的生命力，在短短的 5 年里取得了重要进展。以各国领导人一年一度的会晤框架为核心，“10＋3”机制相继建立了部长级和工作层会议机制，以经济合作为重点、金融合作为先导，推动了各个领域合作的全面展开。

经济全球化

　　吃美国的汉堡，穿法国的衣服，开德国的汽车，看日本的电视，这已经是目前世界上很多人正在享受的生活了，同时这也是人们对全球化的亲身体验。"GLOBALIZATION"这个名词诞生不过10多年，却借助信息化和互联网的翅膀，迅速飞到世界各个角落，成为人们使用最为频繁的名词之一。首创这一名词的美国学者丹尼尔耶金不禁感慨：人们掌握这一名词之快出人意料，连电脑中拼写校对功能也不再将它视作拼写错误的单词了。"GLOBALIZATION"正像它所形容的对象那样，其自身也全球化了。透过各学科专家的诠释，人们发现全球化是包含经济、政治、社会文化等各方面内容的综合概念。

经济全球化追昔

全球化的源头可以追溯到1492年哥伦布发现新大陆，此后不断为西方所知的疆域成为商品贸易和资本流通的乐土，世界各地区的经济联系大大加强。"资产阶级由于开拓了世界市场，使一切国家的生产和消费都成为世界性的了……过去那种地方性的自给自足和闭关自守的状态，被各民族各方面的相互往来和相互依赖所代替了。"然而在相当长的时间里，全球化却并不充分。二战后意识形态的对立以及斯大林"两个平行市场"的理论使全球化充其量只是"半球化"。直到20世纪90年代，信息技术的发展和各国的市场经济取向才真正使全球化浪潮席卷整个世界。

可持续发展的悖论

全球化增加了世界财富，同时也带来了更多的污染和垃圾，给环境造成日益严重的损害，从而影响到我们的后代能否继续享受优裕的生活。所以世界各国普遍认同了"可持续发展"战略，但悖论也随之产生。发达国家当年的工业化和疯狂消费是导致今天环境恶化的主要原因，所以当他们语重心长地告诫新兴工业化国家要注意保护环境时，马上遭到质问：当年你们如此，为何今天就该我们小心？多数发展中国家宁愿为发展付出环境代价：现在需要工资和面包，疾病和死亡是以后的事。因此，可持续发展既是各国追求的目标，也是争吵时互相攻击的靶子。

❈ 资本主义化，美国化

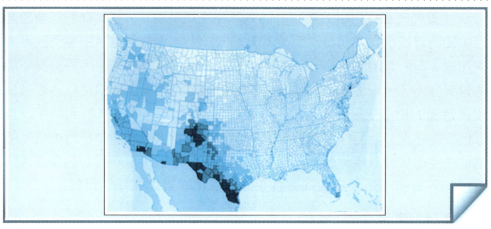

　　不可否认，我们今天面临的全球化是以美国为首的西方发达国家所主导的经济全球化，表现在经济全球化藉以发展的信息技术掌握在发达国家手中；经济全球化的主要载体——跨国公司有90％集中在发达国家；世界金融中心集中在发达国家；全球经济活动使用的货币是美国等发达国家的货币；制定全球化游戏规则的主要是发达国家。尽管如此，经济全球化并不等同于资本主义化，更不可简化为美国化。世界上依然有不同的政治模式、价值取向和多彩的文化，各国间的依赖性加强，但不可替代。长远来看，发展国家成为贫困的荒漠，发达国家也不能常保富饶的绿洲。

❈ 经济全球化中的民族国家

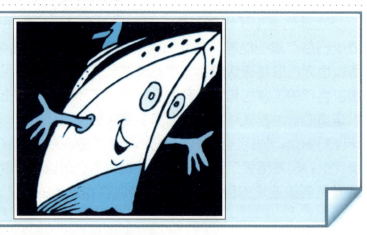

一方面，全球化使国际问题国内化，随着跨国公司和非政府组织的影响力不断上升，各国际经济组织（如国际货币基金组织）对各国的国内问题拥有了更多的发言权；另一方面全球化又使国内问题国际化，美国等强权国家的国内立法经常超越国界对他国行使权力，"民主、自由、人权"只是其用以维护和扩大自身利益的旗号。全球化使一些国家的影响放大，也使更多民族国家的影响式微。在"全球化之船"上，发达国家占据舒服的头等舱，不同经济水平的发展中国家分居二、三等舱，而被边缘化的国家只能在"全球化之船"溅起的泡沫中沉浮。

谁动了我的奶酪——来自发达国家的抱怨

"经济全球化的过程对穷国来说是一个机会，而对富国来说则是一个威胁。我们属于那些福利可能长期受到威胁的国家。"你相信吗？这是瑞士——世界最富国之一的财政大臣的抱怨。近几年，在发达国家流行一种所谓"经济全球化损害发达国家的繁荣"的观点：把发达国家的国际竞争力下降、失业增加和收入停滞等问题归咎于经济全球化，认为它使发展中国家通过低成本竞争拿走了他们高质量生活的"奶酪"。持这种观点者不乏像诺贝尔经济学奖得主莫里斯阿莱、达沃斯"世界经济论坛"主席和美国"经济政策学会"等有重要影响的人士和机构。

🔆 全球化陷阱

　　"经济全球化有许多好处：人们可以享用来自世界各地的商品和无微不至的服务，受过高度训练的工作人员可以得到与王公俸禄相等的薪水，特别是贫穷国家成千上万的工人有机会过上体面的生活。然而，所有这一切都伴随着高昂的代价，而其中大部分是由富国的人们承担的……经济全球化的陷阱终于张开了大口，世界上最富有和最强大的国家都成了它的俘虏。不断的降低工资、延长劳动时间、削减福利费用，在美国甚至完全放弃了社会保障体系。"作为全球化最大受益者，发达国家依然哭穷，从中我们似乎更加明白了"身在福中不知福"的道理。

🔆 反思全球化之西雅图会议

1999 年 11 月 30 日到 12 月 3 日，WTO 在西雅图召开部长级会议，准备启动"千年回合"的贸易谈判，而等待部长们的却是抗议的标语、示威的人群、谈判桌上的争吵和灰溜溜地离开，会议以失败告终。欧盟坚持把竞争和投资列入谈判议题，否则不准备在农产品补贴上做出更多承诺；发展中国家要求发达国家兑现取消多种纤维协定的承诺，在服务贸易和知识产权领域给予更多体谅。美国出于国内政治的需要，坚持把劳工标准、环保问题列入议程，遭到发展中国家集体说不。全球化一方面使人们加强合作，另一方面又使人们直面尖锐的利益冲突。

反思反全球化之热那亚峰会

2001 年 7 月 20 日，八国峰会在热那亚开幕，然而意大利青年的鲜血、接连的邮包炸弹、2 万巡逻警察、10 万示威群众使这次会议笼罩在一片恐怖阴影之中，反全球化运动再起高潮。经济全球化是一把双刃剑，增加全球财富的同时也带来很多负面影响。反全球化观点中，对于失业、贫富差距扩大、第三世界债务、环境保护等问题的谴责是理智的，有助于提醒更多的人们注意改进。但当一些人为反全球化而反全球化时，尤其是乐此不疲的奔走于世界各地阻挠国际会议的顺利召开时，他们的声音就失去了积极的意义。反思反全球化，我们更加明白合作的重要。

❀ "积极的民族主义"

　　经济全球化条件下，一国财富的增长不仅得益于市场的自发调节，国家的理性参与也是一个重要的因素。当今世界，各国纷纷开展"经济外交"，积极为本国企业谋利。20世纪60年代到欧洲访问的日本池田首相被称为"半导体商人"，新加坡的吴作栋总理声称要做"第一经纪人"，推销本国产品。但是，政府对本国经济的扶持不应坚持"零和博弈"，相反，"积极的民族主义"立场应该是民族国家参与全球化的理性选择，即在提高本国公众生活水平的同时，与其他国家密切合作，保证自己国家福祉的增长不以牺牲他国为代价，这才是维护经济安全的基本出发点。

❀ 全球化中的南北关系

翻看世界地图你会发现：发达国家主要集中于北半球，发展中国家则大多在南半球，因此"南北关系"被用来指代二者关系。由于实力不同，利益分配不均，南北双方争吵不断。发达国家指责发展中国家的"血汗工厂"导致失业增加，发展中国家则反击发达国家的垄断导致了出口的贫困化增长。但经济全球化使各国之间的依赖加深，大家面临着共同的难题：温室效应、臭氧空洞、贩毒走私、恐怖活动等，这些都需双方合作解决。马丁·路德·金早就断言，"我们居住在一幢巨大的世界房屋，由于无法再分散的生活，所以我们必须懂得以某种方式共处"。

被遗忘的大陆

还记得那幅名为《饥饿的小孩》的照片吗？不远处的秃鹫盯着即将死去的小女孩，看她何时成为自己口中的美食。贫穷、饥饿和战乱似乎成了非洲的标签，享用全球化蛋糕的人们甚至遗忘了这块大陆及其烈日下黑色的肌肤。非洲有8亿人口，55个国家和地区。其中约54%的人们生活在贫困线以下，每天的生活费用不足1美元，仅相当于一个汉堡或一块巧克力的价格。一半以上的国家靠出口一两种初级产品换取微薄的外汇。缺粮、缺水、缺电，缺少教育、缺少医药，同时人们还背负巨额外债，而发达国家的减免承诺却极少兑现，杯水车薪的援助还带有附加条件。

✹ 富国"政治秀"——财政援助和债务减免

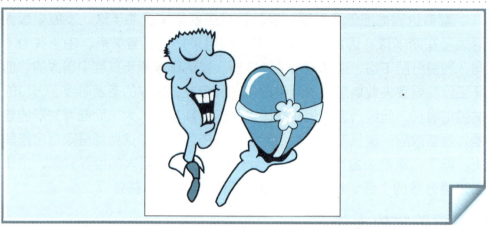

　　1995年联合国社会发展首脑会议通过《哥本哈根宣言》，发达国家承诺用其国内生产总值的0.7％向最不发达国家提供官方财政援助。1999年，号称"富国俱乐部"的7国集团达成"科隆债务倡议"，决定取消36个最贫穷国家700亿美元的债务。然而时至今日，发达国家提供的援助仅占其国内生产总值的0.2％，只对乌干达、玻利维亚、圭亚那和莫桑比克4国减免了27亿美元的债务，而且财政援助和债务减免的提供往往与相关国家的人权状况和民主化程度相挂钩。这一切足以证明：那些慷慨的许诺不过是富国伪善的表演，抑或大选时期的"政治秀"。

✹ 遥远的梦——国际经济新秩序

在不公平、不合理的旧的国际经济秩序剥削下，发展中国家终于发出"愤怒的吼声"——1974 年的第 6 届联大特别会议通过了《关于建立新的国际经济秩序的宣言》和《行动纲领》，随后长期的斗争努力，建立国际经济新秩序的出路逐渐明朗：维护发展中国家的自然资源主权；建立共同基金和缓冲库存，稳定初级产品价格，改善贸易条件；稳定汇率，增加对发展中国家的财政援助和债务减免；加强技术转让，完善落后的经济结构；通过国际立法，将对发展中国家的保护制度化、规范化。虽然找到了方向，但相对于国际新秩序的最终确立，仍有漫长的道路要走。

透视经济安全

随着经济全球化的发展，一国经济的生存、发展受国际经济政治的影响越来越大，主权国家对本国经济的运行和发展实施有效控制、保护的能力受到削弱。而经济相互依存、互惠互利的前景，并没有改变主权国家的作用和国家利益的排他性质，也不可能从根本上消除国家间的不平等竞争和不信任。因此，在和平与发展的年代，经济安全的重要性越来越显著，维护经济安全成为各国优先考虑的问题。从总体上讲，国家经济安全由金融市场安全、国内产业和市场安全、战略物资和能源安全、经济信息网络安全、海外投资安全等几个方面内容组成。

国际协调机制

国际贸易有时看起来的确和达尔文所描述的那种适者生存的残酷斗争有几分神似。各国为了争夺全球市场份额、利润和重要的自然资源而爆发冲突，留给世人的是诸多难忘的记忆：破坏性的竞争、贸易的冷战和热战、政治的动荡更迭以及多米诺骨牌似的全球经济危机。值得庆幸的是，人类在20世纪的后半叶已经超越了这种赤裸裸的斗争——他们为了彼此长远的利益，为了共同的美好未来，再次回到谈判桌前面对面地建立了若干有利于世界经济增长与公平的制度。而这些国际协调机制正在为世界市场能够更加平稳、有效的运行发挥着日益重要的作用。

肯尼迪回合

这是关贸总协定的第六轮多边贸易谈判，共有54个缔约方参加。它由美国总统肯尼迪倡议，故又被叫做"肯尼迪回合"。谈判中，美国和欧洲共同体就关税减让的方案各持己见，互不相让。由于美国的关税水平较高，故主张按比例削减关税；而欧共体则提出"削平方案"，即高关税缔约方多减而低关税缔约方少减，以缩小关税水平差距。最终，这轮谈判的结果是：从1968年起的5年内，美国工业品关税水平平均下调37％，欧共体则下降了35％。此外，这次会谈还新增了有利于发展中国家的"贸易与发展"条款，明确发达的缔约方不应期望发展中缔约方做出对等的减让。

东京回合

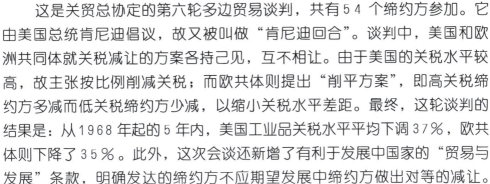

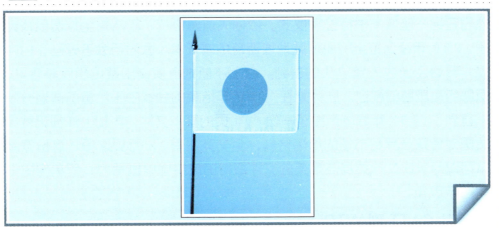

1979年11月，关贸总协定第七轮会谈结束了。长达7年之久的东京回合终于有了结果，这令各国政府和经贸界的人士不由得松了一口气。在"肯尼迪回合"结束后，总体的关税水平大幅度下降，但非关税贸易壁垒彰显。东京回合针对非关税壁垒及农产品贸易方面展开谈判，并取得了阶段性的成果。在此之前，有关农产品的问题是一直被排除在会议讨论议程之外的。谈判后，会前各国提出的非关税壁垒由650项减少到了500项。此外，"南北关系"也得到了前所未有的重视，发展中国家获得了更多的优惠待遇。

ok

乌拉圭回合

　　历次重要的国际贸易谈判无一不在风光旖旎的城市举行开幕仪式，然后在另一座城市举行签字仪式。依据关贸总协定，第八轮全球贸易谈判于1986年在乌拉圭的海滨胜地埃斯特角城开幕。会后与会者返回了日内瓦，开始了长达7年之久的谈判。会上不断地上演提出意见和反驳意见、威胁与反威胁的剧目。原计划在1990年结束的会议由于严重的政治分歧一直到了1993年底才产生了一份400页的基本文件，再加上详细记载成员国对特殊产品和市场的承诺材料，全文竟然有22万页之多，这份摞起来可以与NBA球员身高媲美的文件取得的成果可以概括为：贸易自由化和行政改革。

从GATT到WTO

在走过了风风雨雨的48个春秋后，关贸总协定于1995年奏响了它的最后音符，同时它的完结迎来了一个身负众望的新生儿——世界贸易组织的诞生。历史总是惊人的相似，半个世纪前，正是由于"哈瓦那宪章"（世界贸易组织的蓝本）的夭折才促成了关贸总协定的建立。在自由贸易和保护贸易的连年拉锯战中，关贸总协定经常冲锋陷阵，功不可没。然而，不断发展的国际贸易在给它注入活力的同时，也日益凸显了它的老迈与力不从心。世界贸易组织作为替代者，在法律规范、解决争端机制和协调领域与范畴等方面都可谓青出于蓝而胜于蓝。

WTO——经济联合国

世界贸易组织（WTO）素有"全球经济联合国"之称。它于1995年1月1日正式成立，是独立于联合国的永久性国际组织，总部设在日内瓦。它取代关贸总协定负责管理乌拉圭回合协议的实施，并执掌世界经济和贸易秩序。到目前为止，世界贸易组织成员达到143个，90%以上的世界贸易是在其成员国之间进行的。它不仅囊括了货物贸易，而且将服务贸易和知识产权也纳入其管辖的范围。可以说在经济领域尤其是贸易领域没有一个国际组织的影响力能与WTO相比，它以促进公开、公平、公正的自由贸易为宗旨，是当今世界贸易体制的法律和组织基础。

🔆 喜忧参半的自由贸易

　　与市场经济一样，自由贸易也被世界贸易组织奉为最高教义，组织内部各成员国之间的贸易管制被解除，彼此平等合作，即便发生摩擦也可依据管理规则通过谈判来解决，这种"天堂里的婚姻"令不少尚徘徊城外的国家羡慕不已。对他们而言加入世贸组织无疑会使国内企业免除高关税之苦，若遭到反倾销等不公平待遇也有了"讨个说法"的场所。然而，踏入世贸组织大门并不意味着走向一条开满鲜花的坦途。一方面，贸易自由化使世贸成员国从他国曾受高度保护的行业中分得一杯羹，另一方面国内的一些幼稚产业和落后产业也将面临他国的强势竞争。

🔆 关税——拆除第一道门槛

按世贸组织协议规定，关税是货物贸易中唯一合法的政策手段，各成员可以采用关税保护国内的经济，因为关税是公开的、透明的、可以计量的，成员方可以通过关税合理安排产品的生产和交换，可以计算关税对国内产业的保护程度，但这并不意味着各国可以筑起高高的关税壁垒将国内的市场与外界隔离。世贸的一个重要任务就是致力于双边或多边的谈判，努力促成各成员国不断降低关税水平，并对关税加以约束，以实现最大程度的开放贸易。

同一起跑线——费厄波赖

费厄波赖是英文Fair play的音译，这是一则颇为体现西方平等精神的世界贸易组织规则。而最惠国待遇和国民待遇就好像是非歧视贸易的左膀右臂。最惠国待遇最早可以追溯到12世纪意大利与北非阿拉伯公国的贸易协定。它并非为了给予或取得特殊的待遇，而是为了保障均等的贸易机会，保证双方或多方在平等条件下展开竞争。例如，若美国同意降低从德国进口机器的关税，那新的关税率就不单单针对德国而是对所有享有最惠国待遇的国家都适用。如果说最惠国待遇使所有的出口商品可以在进口国市场处于同一条起跑线，那么国民待遇就是赋予了某些行业的进口产品同本国的产品同等竞争的权力。

☀ 贸易冲突挑战世贸权威

　　制定和实施有关规则、有效解决成员间的贸易冲突，乃是ＷＴＯ的重要功能之一，成立以来，ＷＴＯ的确在这方面发挥了积极作用。但是近年来，一些发达国家越来越依赖贸易保护措施保护国内工业，向ＷＴＯ提出的投诉数量呈上升趋势，在处理某些冲突时ＷＴＯ难免力不从心，导致其权威性受到挑战。例如，有关欧盟香蕉进口政策的投诉经过多年的磋商，迄今未获解决；有关美国给予出口企业税收优惠的投诉仍然悬而未决。针对这种情况，一方面要ＷＴＯ不断完善规则和程序，另一方面，更需成员国切实以规则行事，主动维护ＷＴＯ的地位和权威。

☀ 绿色壁垒

064

　　环境保护作为全世界都关注的世纪性问题，不仅反映在各国的社会经济政策制订过程中和联合国的决议上，更重要的是反映在世界贸易组织的基本原则和具体条款中。新修订的《贸易技术壁垒协议》，一开头就申明"不得阻止任何成员按其认为合适的水平采取……为保护人类和动植物的生命或健康所必需的措施"。在关税水平大幅度下降的国际贸易领域已经矗立起了一道森严的"绿色壁垒"。有了它，环境保护者终于可以无所顾忌地来保护人类的朋友了。

◼ 标明身份——转基因食品贴上标签

　　转基因技术于20世纪80年代初开始应用于农业，许多发达国家都采用这一技术来提高农产品的产量和质量，但1998年英国的实验老鼠食用转基因土豆后免疫系统受到破坏，这引起了人们的恐慌。瑞士最早规定只要含有转基因成分都要贴上专有的标签；挪威则被视为全世界监管转基因最严格的国家，禁止数种含有耐抗生素标示基因的制品的进口；欧盟也正计划改善标签法例，其实质禁止了任何新的转基因食物。这将对美国——全球最大的转基因作物生产国构成威胁。美国已威胁将该规定作为贸易技术壁垒，诉诸世贸组织。

GATT 本是中国的"家"

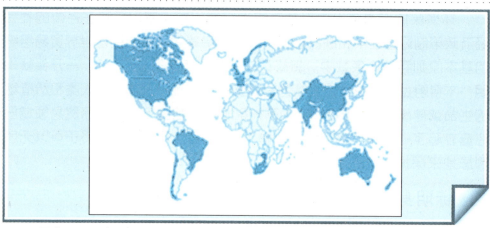

066

　　早在1947年10月30日，中国国民政府就参与了创立GATT的联合国贸易和就业大会。1948年中国国民政府签署了GATT《临时适用协议书》，同年5月21日，作为23个原始缔约国之一，正式成为GATT的缔约方。然而1953年，台湾当局宣布退出GATT，从此中国被长期排斥在GATT之外。1986年起，中国正式开始了"回家"的路。由于我们是复关而非入关，这就意味着中国可以享受到相应的权利，任何缔约方不得援引第35条拒绝与中国建立缔约方之间相互适用的总协定关系，从而达到其他途径难以达到的保护本国各类产业的目的。入关和复关虽然仅一字之差但却代表利益的得失。

中国的发展中国家身份

中国的发展中国家身份一直是中国入世争论的焦点之一。其实无论从哪一种角度来考察，中国都完全具备发展中国家的特征。作为第三世界的成员，中国一直享有给予发展中国家的各种特殊权利。以发展中国家地位加入世界贸易组织，既是中国的政治选择，也反映了中国现阶段的实际经济水平。为了证明中国是发达国家，一些亲美的国际组织纷纷用购买力比较法宣称人民币被低估了，中国人均产值600～700美元是隐瞒财富，真实的产值应在2000～3000美元。但中国很清醒，自始至终坚持中国只能以发展中国家条件入关的立场，否则，宁愿不入关！

一槌定音——WTO，中国来了

2001年11月10日晚，卡塔尔首都多哈成为全世界关注的焦点，世界贸易组织第四次部长会议正式接纳中国成为WTO正式成员。而有了中国这个成长中的贸易巨人的加入，世界贸易组织也终于成为了名副其实的经济联合国。随着那把标志性小槌的敲落，我们终于可以理直气壮地说：WTO，中国来了。15年风雨兼程，4万多个问题反复探讨，用朱总理的话讲“黑发人谈成了白发人”。15年里，中国先后换了4任谈判代表团团长；美国换了5位首席谈判代表；欧盟换了4位首席谈判代表。中国入世之路可谓曲折！可谓艰辛！

◆ 中国入世备忘录

　　以下列举的仅仅是一串串的数字，但在它的背后却是一代国人的不懈努力以及中国经济的崛起。1986年7月，中国驻日内瓦代表团正式提出申请恢复中国在关贸总协定中的缔约方地位；1995年6月，中国成为世贸组织观察员；同年11月中国复关工作组更名为中国"入世"工作组；1996年3月22日龙永图率团出席世贸组织中国工作组第一次正式会议；1999年4月，中美签署"中美农业合作协议"；1999年5月8日，北约袭击我驻南斯拉夫大使馆，中国被迫中断"入世"谈判；1999年11月15日，中美就中国入世达成协议；2001年11月10日，中国在提出申请15年后终于实现加盟。

◆ 缺乏规则的游戏

入世后的中国不应只做ＷＴＯ规则的被动接受者，或者满足于借助世界贸易组织这个论坛解决贸易争端，而应积极参加多边贸易谈判，争做规则制定者。世贸总干事鲁杰罗曾说：当其他人在编写游戏规则时，一个外向型的中国决不能袖手旁观。在美国等发达国家的推动下，ＷＴＯ即将就美国等国占优势的农业、信息业和服务业的开放问题展开新一轮谈判。中国如不加入世贸，在新的一轮谈判中我们就没有发言权，就不能加强发展中国家这一边的谈判力量，这会使得新的一轮谈判结果对我们更加不利，只有加入制订规则国家的行列，在国际事务中的我们才可以发挥更大的作用。

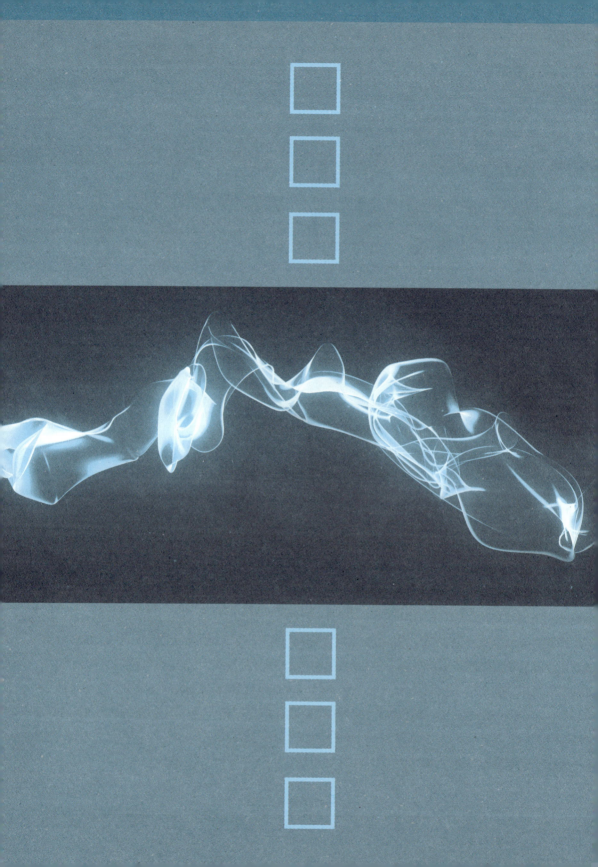

第二章 新财富——知识经济

人类追求财富的脚步从来没有停止过，而当人类走过农业经济和工业经济之后，一种新的经济形式——知识经济又展现在我们面前。这种在全球化、信息化、网络化的推动下产生，以信息资源的占有、配置、生产和使用为最重要因素的经济形式给人类带来了收益递增和增长持续等许多新的气息。同时，它的出现也给传统经济学带来了不小的冲击，许多在以前被奉为经典的理论在知识经济的冲击下也有了摇晃之感。知识经济的到来带动了科学技术的进步、产业结构的变革，信息产业一跃成为吸引世人眼光的产业明珠，而电子商务、虚拟企业、风险投资、科技园区、生物技术、头脑产业等一个又一个知识经济时代的亮点更是放射出了绚烂夺目的光芒，让人目不暇接。面对知识经济的浪潮，各国摆出了全力冲击的阵势，千帆竞渡，百舸争流。然而，知识经济发展也非一帆风顺，网络泡沫的破灭、电信业的受挫也使它接受了一次不小的洗礼。但是，这并非意味着知识经济的发展已到尽头，它必将成为未来经济的新模式。而面对如此的形势，在改革开放过程中已经取得了伟大成就的中国今天又该如何应对，更是我们需要关注的新问题。寥寥数语，难表其详，还请您细阅本章。

✹ 财富增长新动力——知识经济

　　怀着对财富的渴望，人类将大量的资本和劳动力投入生产之中，财富也源源不断地被创造出来。随着传统经济的进一步发展，"边际收益递减规律"、"资源稀缺原理"、"经济周期法则"这些令人生厌的家伙开始出来作祟，它们束缚了人类追求财富的手脚，传统经济留给我们的印象似乎也只剩下了发展乏力的生产、濒临枯竭的资源、日益恶化的环境……然而，从 20 世纪末开始，一种以知识资源的占有、配置、生产和使用为最重要因素的经济形式——知识经济改变了这一切，并发展成为席卷全球的浪潮，收益递增、增长持续是这次浪潮给人类带来的新气息。

✹ 知识经济概念溯源

自工业革命以来，知识在经济发展中的作用就越来越大，学者们对这一现象的关注程度也越来越高。1912年，德国经济学家熊彼特在《资本主义的经济和社会学》一书中就指出资本主义发展的根本原因是创新，而创新的关键就是知识和信息的生产与使用。1962年，美国经济学家马克卢普又提出了"知识产业"一词。随后，更多的学者开始了这方面的研究，未来学家阿尔温·托夫勒、约翰·奈斯比特提出"社会的主宰力量将由金钱转向知识"，"知识是我们经济社会的驱动力"。到了1996年，经济合作与发展组织（OECD）也正式使用了知识经济这个新概念。

知识经济素描

与农业经济、工业经济相比，伴随着信息化和全球化的知识经济显现出了鲜明的现代特征：科学和技术的研究与开发日益活跃；信息和通信技术逐渐处于经济发展的中心地位，美国、加拿大、荷兰等国的计算机和通信部门的增长速度都超过了10％；服务业在经济中扮演了主要的角色，经济重心由制造业向服务业转移；人力的素质和技能成为经济发展的先决条件，以先进技术和最新知识武装起来的劳动力成了决定性的生产要素，人们开始感觉到了新技术对未来就业的巨大影响。

✹ 知识经济的引擎

　　知识经济的出现并不是空穴来风，全球化、信息化、网络化是推动其迅猛发展的三大驱动力。穿着耐克鞋、喝着可口可乐，也许您享受这份舒适的时候并没有意识到全球化的脚步已经临近；打着移动电话、用着ＢＰ机，也许您感受这份迅捷的时候并没有意识到信息化的春风已经拂面；发着Ｅ－ｍａｉｌ、玩着ＱＱ，也许您感受这份悠闲的时候并没有意识到网络化的浪潮已经袭来。全球化、信息化、网络化是人类运用知识改变生活的结果，也是人类要在更深程度上生产、传播和利用知识的原动力，它们有如三台巨大的引擎推动着知识经济的列车急速前行。

✹ 美国"新经济"——知识经济的典范

074

1991 年以来，美国的经济增长率一直高于西方发达国家平均水平，1997 年第一季度更是达到了 5.8%，同时，伴随经济高增长的是通货膨胀率和失业率的持续下降，有人认为美国正享受着自越战以来经济成就最辉煌的时期。这种"两低一高"并持续发展的态势引起了全世界学者的关注，应该说，这轮经济增长的主要动力是高技术产业，特别是信息产业。尽管如何看待美国"新经济"在经济学界存在不同的看法，但是，美国"新经济"是知识经济的典型代表，这是不容置疑的。1997 年时任美国总统的克林顿在一次公开演讲中也指出，"新经济"的实质就是知识经济。

传统经济理论的困惑

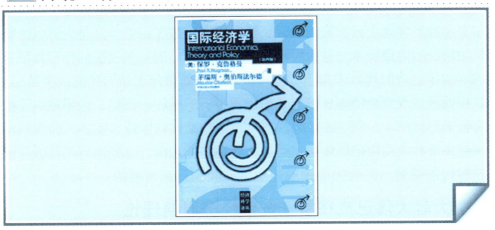

"菲利普斯曲线"早就断定低通货膨胀和低失业率不能够同时存在或至少不能长期共存，而美国经济却出现了"两低一高"并持续发展的态势。弗里德曼关于通货膨胀是由政府印制过多钞票造成的理论在经济学家解释货币现象时被普遍应用，然而，美国却又出现了货币供应量猛增而通货膨胀率下降的现象。新的经济现象使传统的经济理论产生了巨大的困惑，一些原本作为永恒规律传授的经济原则现在看来似乎变得不再真实了。当然，大多数经济理论是能够经得起考验的，并且随着经济形势的发展，也出现了下面将要介绍的一些阐释知识经济条件下经济发展的新理论。

☀ 数字革命——数字经济理论

　　知识经济的浪潮冲刷着经济学的海岸，在它带来的五彩斑斓的贝壳中数字经济学是十分显眼的一只。顾名思义，数字经济学就是研究以计算机为特征的信息技术对社会经济新作用的学科。唐·塔普斯科特在其所著的《数字经济时代》中指出，信息技术的革新掀起了新时代的数字革命，这将彻底地改变经济增长的方式和世界经济的格局。同时，他还预言了数字经济时代的12个发展趋势。不过，塔普斯科特也特别强调，新的科学将使未来社会两极化现象更加严重，而现在的法律、规范也将不足以应对新时代的需要，因而未来出现混乱的局面也是有可能的。

☀ 大起大落已成往事——新经济周期理论

经济周期反映了经济活动总体水平的波动，它一般分为谷底、复苏、繁荣、衰退四个阶段。新经济周期理论认为经济周期将日益温和，经济的大起大落将成为过去。美国伯克利大学的教授史蒂文·韦伯在美国很有影响的《外文》杂志上发表文章表达了这一思想，并得到了许多经济学家的认同。当然，并非所有的人都对经济周期抱着这样乐观的态度，一些经济学家认为，经济面临的挑战依旧，应利用繁荣时期积蓄的力量来准备迎接困难时期的到来。保罗·克鲁格曼也曾在同一期的《外交》杂志上强调，不应对经济周期已结束和通胀减轻的理论抱有幻想。

知识创造财富——新增长理论

伴随着科学技术的飞速发展，越来越多的经济学家开始了对技术、知识与经济发展之间关系的思考。保罗·罗默和他的新增长理论就是这种思考的重要代表。新增长理论是经济学的一个分支，经济增长的基本原理是它的研究对象。罗默认为，好的想法和技术发明是经济发展的推动力量，知识的传播以及它的变化和提炼是经济增长的关键，当知识相当丰富且可以低成本复制时，收益递减的法则也将不再成立。从200多年前亚当·斯密的《国富论》起，经济学家们对于国家如何致富的争论一直没有停止过，看来他们确实不知道。但可以肯定的是，保罗·罗默知道。

✳ 信息产业抢得头把交椅

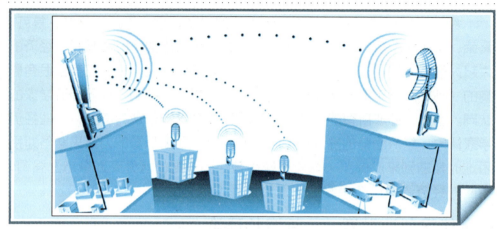

　　知识经济最为鲜明的特征是信息技术的广泛应用和发展，这就导致信息产业抢占了产业发展的头把交椅。从狭义上讲，信息产业包括信息设备制造业与信息服务业；而从广义上讲，信息产业还包括信息生产业和信息传输业。目前，信息产业的规模已经超过任何传统产业，全球GDP中已经有2/3以上的增加值与信息产业有关。信息资源也已经与能源、材料等自然资源并列为人类社会的重要资源，成为影响一国的综合国力和在国际竞争中地位的主要因素。现在，世界各国都在继续加快信息产业的发展，以求得在知识经济浪潮中赢得搏击的空间。

✳ 英特尔——CPU 霸主

计算机硬件业是信息产业的基础，美国十分重视这个领域的开发与生产，培育出了许多世界著名的计算机厂商，英特尔公司（INTEL）就是其中最为典型的一个。微处理器（CPU）是计算机的"心脏"，自从1971年推出了全球首块CPU以来，INTEL就一直在CPU生产领域处于垄断地位，它的奔腾系列产品牢牢地占领着世界市场。成立于1968年的INTEL已成为全球CPU生产的霸主和最大的半导体芯片制造商，它不断地为全球的计算机工业提供CPU、芯片组及板卡。同时，作为全球信息产业的领导公司之一，INTEL还致力于服务器、网络通讯和互联网解决方案等方面的开发，为日益兴起的互联网经济提供了建筑模块。

AMD 叫板 INTEL

　　AMD创办于1969年，是全球第二大个人电脑CPU制造商，是美国财富杂志及标准普尔等机构选出的500强公司之一。AMD是INTEL最大的冤家对头，它从成立起就一直在追赶INTEL，AMD与INTEL之间的持久抗争更是创造了硅谷的历史。然而，在个人计算机芯片行业，遭遇了INTEL这样的对手，AMD是不幸的，它总被打得遍体鳞伤。2002年3月底，英特尔公司市值2050亿美元，而AMD刚好是它的零头——50亿美元；INTEL每年利润都有几十亿美元，而AMD在2000年开始赢利前的5年内都是赤字高挂。但是，我们也许应该感谢AMD，正是它与INTEL的竞争使得CPU市场迅速发展，人们才得以用上更加便宜的INTEL的CPU。

ok

🌟 "龙芯" 横空出世

　　CPU生产是IT产业的核心，而全球计算机上的通用CPU几乎都出自美国，这已成为了中国IT产业无法愈合之痛。2002年8月10日，一个历史性的时刻终于到来了。这一天，中国人结束了只有用"洋人"的CPU制造计算机的历史，"龙芯1"（Godson-1A）CPU成功地运行了LINUX（Kernel2.4.17）。"龙芯1"处理器采用动态流水线结构，定点和浮点的实际运算能力都达到每秒2亿次以上，其实际性能已经达到20世纪90年代中后期国际先进水平。2002年9月26日，曙光公司发布了第一款具有完全自主知识产权的服务器，在这台服务器上运行的就是"龙芯"。

🌟 微软的数字帝国

微软于1975年4月4日成立，并且于1981年6月25日重组为股份制公司。微软总部位于雷特蒙德，公司目前在60多个国家设有分支办公室，全世界雇员人数接近44 000人。经过30余年发展，微软在世界计算机软件市场占据了明显的垄断地位，微软以其Windows操作系统、Office产品套件、NET商务平台等技术为支撑在世界范围内建立了它的数字帝国，而帝国的元首比尔·盖茨也成为当今世界首富。当然，伴随着这个数字帝国的建立，人们对微软的垄断也表现出了强烈不满，甚至有人称未来将出现"人类与微软"的战争，而美国政府也曾几次要将这个数字帝国分拆。

■ SUN：将与微软的斗争进行到底

其实，在微软的数字帝国中也有反叛，这以SUN公司的直接叫板为显著标志。SUN公司成立于1982年，总部在硅谷，1986年在纳斯达克上市，2001财年营收额183亿美元，现名列《财富》500强第125位。斯科特·麦克尼利是SUN公司的创始人之一。斯科特·麦克尼利于1984年开始担任SUN公司CEO，带领SUN走上了持续增长的道路。SUN成立20年来的特立独行使麦克尼利被公认为"硅谷反微软联盟的领袖"，每当微软有所行动时，大家都会不自觉地把眼光转向SUN，希望SUN能站出来领导大家与微软分庭抗礼。麦克尼利有一句流传极广的名言——"我不想让我的孩子生活在只有微软的世界里。"

✳ 用友——创造中国软件的财富神话

　　用友公司创立于1988年12月，前身为个体性质的"用友财务软件服务社"。创业初，只有王文京与搭档苏启强靠5万元借款起家。而今天，用友已成为国内最大的财务及企业管理软件企业。目前用友国内用户已达15万家，实现了100％的行业覆盖率。2001年5月18日，用友软件又成功上市，股票以76元开盘，一路直上至100元大关，终盘报收于92元。用友软件成为新股上市首日开盘价和收盘价最高的股票，这为中国软件业创造了一个财富神话，为全国民营科技型企业选择融资之路提供了有益借鉴。

✳ 中软——扛起民族软件产业的大旗

　　1990年7月，机械电子工业部决定将下属的中国计算机技术服务公司和中国软件技术公司合并为中国计算机软件与技术服务总公司（中软）。这两家公司，前者成立于1980年，主营业务是在当时利润丰厚的长城PC销售；后者成立于1984年。从今天的视角审视，正是这样的一次合并保住了中国软件产业的"国家队"。两家公司合并后，基本上放弃了利润可观的PC销售业务，转而投入底子薄、起步晚的软件产业。经过十余年的发展，中软拥有了众多国内领先的软件产品和技术，并广泛渗透于金融、电信等关系国民经济命脉的重要领域，在社会上拥有良好的品牌和信誉。

东软——软件领域的领跑者

　　从1988年，东北工学院计算机系计算机网络工程研究室成立，到2001年5月，东软实施品牌战略整合，将东方软件有限公司更名为东软集团有限公司，并将旗下沈阳东大阿尔派软件股份有限公司等7家控股公司进行更名，东软集团逐步走过了从一个大学实验室，到校办企业，到中外合资公司，再到社会公众公司的发展路程。经过10年的发展，东软已成为拥有员工4500余名、注册资本5.6亿元、总资产25亿元的大型软件开发公司，是目前中国最大的软件企业集团之一，并在应用软件和解决方案领域保持着领跑者的地位。

电信业飞速发展

084

　　随着知识经济时代的到来，人们之间信息的传递变得越来越频繁，人们对于信息传递速度和规模的要求也越来越高。于是，在这种背景下，几乎各国的电信业都开始了扩张式的发展。世界各国在继续积极发展固定电话、移动电话等传统电信业务的同时，纷纷开始了"信息高速公路"的建设。互联网逐渐成为人们信息传递最重要的方式，成为各国电信巨头们竞争的新焦点。互联网的开发与建设推动了电信业扩张，刺激了电信产品的生产，并为各国经济发展注入新的活力。以美国为例，互联网建设是继铁路网建设和高速公路网建设之后，为其带来了经济上的第三次大腾飞。

网络时代的机遇与挑战

遵循互联网协议的数据通信的急速发展是现代电信业的一个显著趋势。短短几年间，因特网从一个电脑虫子们的游乐场变成了一个庞大的通讯中心和商业中心。因特网引起的巨变对经济的发展产生了深刻的影响，它既创造了无数个崭新的商业机会，也毁灭了许多种陈旧的经营方式。它好比一张巨大的蜘蛛网，是在上面饱餐一顿还是落入死亡的陷阱，这完全取决于你是一只蜘蛛，还是一只苍蝇。能及时地适应网络，并将其运用到销售、生产和客户服务等传统业务中的企业将不断发展壮大，而对于那些对网络的潜在价值视而不见的企业来说，前景就不那么乐观了。

■ AT&T ——美国电信老大

美国电报电话公司（AT&T）是美国电信业的老大，它的成长经历了许多的分分合合。1984年，美国政府依据反托拉斯法，强行将其一分为七。保留原公司名称的AT&T只经营长途电话业务，而其他肢解出去的6个兄弟成立了西南贝尔、太平洋电讯、纽新公司、大西洋贝尔等公司。后来，为了促进竞争，美国政府又放松电讯业管制。1996年，大西洋贝尔买下了纽约地区的纽新公司，西南贝尔收购太平洋电讯。这时，AT&T为了继续保持老大地位和开辟进入地方电话市场的捷径，也开始收购它当年的小弟。但由于引起了再度形成垄断的嫌疑，这位老大"收罗"小弟的路程举步维艰。

NTT ——日本电信的龙头

　　多年以来，日本的电信业一直被国际电信电话株式会社（KDD）和日本电信电话公司所垄断。KDD 经营国际通信业务，电信电话公司经营国内通信业务。1985 年，日本政府修改通信法，引入了竞争机制，第二电信电话公司、日本高速通信公司相继成立，美国和英国的电信公司也乘机打入了日本市场。而一直处于垄断地位的日本电信电话公司也改组为股份制公司，举世闻名的日本电信电话株式会社（NTT）由此诞生。2000 年 10 月，为了对付来自 NTT 的威胁，第二电信电话公司、KDD 和日本移动通信公司正式合并。但到目前为止，NTT 依然牢牢地控制着日本电信业 50％ 左右的市场份额。

电子商务

悠闲地坐在屋中，手上做几个简单的点击动作，没多久有人轻轻地敲开您的房门，满脸微笑地送来可口的食品、华丽的衣裳……足不出户就能买到所有您喜欢的东西，这看来有些神奇，然而有了电子商务，这一切就变得再平常不过了。电子商务改变了人们的生活方式，现代经济也由此显现出了更旺盛的生命力。当然，电子商务并不仅仅是网上购物，网络银行、网上证券等也都是它的实现形式。电子商务是整个经济活动的电子化过程，是借助于电子信息技术、网络互联技术和现代通讯技术，按照规定的原则和管理规范，完成商业交换和行政作业的过程。

BtoC&BtoB

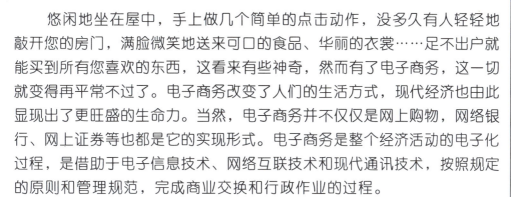

感受了刚才的神奇，当您也要来一次"线上交易"的 e 体验时，我们先把电子商务的两种主要交易方式介绍给您。电子商务，因交易主体的不同分为"企业和消费者之间"（BtoC）与"企业之间"（BtoB）两种主要方式。前者以零售业和服务业为主体，并以银行的信用卡连线清算服务和物流公司的配送服务保证交易的实现；后者主要是依靠"生产、筹措、运用支援综合信息系统"（CALS）或"电子资料互换"（EDI）等手段，推动零售商、批发商或厂商的"商业步骤重整"（BPR），进而实现业务的合理化和成本的大幅度降低。

 ok

❋ 从互发邮件到在线交易

　　冰冻三尺非一日之寒，电子商务达到今天这样便利快捷的程度也非一蹴而就。电子商务的发展大体经历了四个阶段：第一阶段，人们在因特网上互发电子邮件来传递信息；第二阶段，企业在网上建立站点，并将其形象和产品信息发布到了上面；第三阶段，人们在网上进行交互式地信息交流；第四阶段，这个阶段是电子商务的最高境界，人们不再仅仅依靠因特网来进行各种相关信息的发布和收集，而真正实现了网上交易、网上结算，即实时在线性交易。

❋ 虚拟世界我该相信谁

在虚拟的网络世界中，无数绚烂的光芒吸引着人们驻足，然而，需要提醒您的是，一些光芒有可能会刺痛你的眼睛。在提供高效便捷的同时，电子商务也暗藏了许多危险。网上交易的安全性、真实性、完整性和不可抵赖性一直是人们最为关心的问题。为了保证交易的顺利进行，数字证书及其签发机构——证书认证中心（ＣＡ）应运而生。数字证书是交易参与者在网上进行信息交流及商务活动的身份证明；证书认证中心是交易中受信任的第三方，负责数字证书的发放和合法性检验。

CFCA ——中国金融认证中心

根据中国电子商务发展的需求，由中国人民银行牵头，中国工商银行、中国建设银行、中国银行、招商银行等12家商业银行联合组建了中国金融认证中心（CFCA，www.cfca.com.cn）。该中心专门提供证书服务，并负责组织和参与有关网上交易规则的制定，确立相应的技术标准，提供网上支付，特别是跨行支付的相互认证等。CFCA建设项目自1999年2月正式启动，它采取了世界上最先进的安全认证技术及公安部认可的安全产品，同时按照国家的有关规定，对系统中的密码产品模块进行了本地化设置。2000年6月CFCA建成并正式投入运行，从此中国电子商务的发展上升到了一个新的阶段。

✳ CTCA ——中国电信CA安全认证系统

中国电信于1996年开始了电子商务安全认证的研究工作，1999年8月，中国电信CA安全认证系统（CTCA）通过国家密码委员会和信息产业部的联合鉴定，并获得国家信息产品安全认证中心颁发的认证证书，成为国内首家允许在公开网络上运营的CA安全认证系统。CTCA系统具有国内自主的知识产权，功能完整，运行稳定，技术先进。CTCA系统有完善的证书发放体系和管理制度。体系采用三级管理结构：全国CA安全认证中心（包括全国CTCA中心、CTCA湖南备份中心）、省级RA中心以及地市业务受理点。系统为参与电子商务的不同用户提供个人证书、企业证书和服务器证书。

✳ 一石激起千层浪

电子商务打破了时空的界限，改变了生产和消费的形式，但同时它也引发了一系列的新问题。首先，安全性是电子商务中无时不在的问题。目前，即使是最成熟的技术也只是原有技术的集合，面对黑客的袭击仍然显得力不从心。其次，在媒介"虚拟化"的国际交易中，参与主体的多国性、流动性使各国基于属地和属人的税收征管原则受到了挑战，对纳税主体、纳税客体、纳税环节和地点的确定也都变得困难。此外，对于电子合同和单证的有效性的确认、虚拟化和网络化条件下的知识产权保护、商务争端的解决等问题在各国法律上还缺乏明确的规范。

电子商务的润滑剂

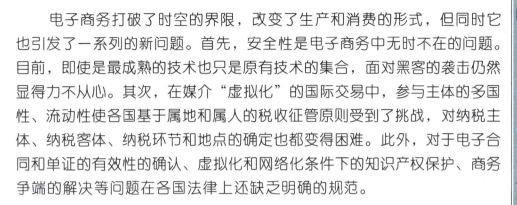

相信您对电子货币的概念一定不会陌生，然而我们这里要强调的是，电子货币系统更深层次的意义在于它是发展电子商务的基础和保证。有了电子货币的润滑，电子商务才得以更加顺利、高效的实现。目前相继推出的各种电子货币主要有三种类型：银行卡，采用专用设备在线刷卡记账、POS 结账、ATM 提取现金以及在因特网上通过 SET 协议进行网络直接支付的系统；电子支票，将支票内容全部电子化，借助于因特网完成支票传递，实现银行客户间资金结算的系统；电子现金，用由加密序列数表现的现金进行网上支付的系统。

✸ 不听话的孩子

　　电子货币鲜明的网络特征使它从一"下生"就被中央银行看成是一个"不听话的孩子"。首先，由于允许客户通过电子指令在瞬间实现现金与储蓄、定期与活期存款之间的转换，电子货币模糊了货币划分的层次，这导致央行货币政策中介目标中的总量性目标的合理性和科学性下降。其次，由于电子商务交易平台和电子货币市场的开放性使央行在测定电子货币量和制定货币政策时必须与有关国家进行相关政策的协调，这又使货币政策的独立性大受影响。此外，减少铸币税收入、影响通货的发行机制、干扰货币政策的传导等也是这个"孩子"爱惹的祸。

✸ 看住您的电子货币

电子货币"生长"在网络上，网络安全是其生死攸关的大事。然而在安全性这方面，网络的表现却往往不尽人意。美国安全专家对其挂接在因特网上的1.2万台计算机进行过一次安全测试，结果成功入侵80％。另有资料显示，美国每年由信息与网络安全问题造成的经济损失达到了75亿美元左右，企业电脑受到侵犯的比例也占到了50％。显然，在这样的网络环境下您的电子货币时刻都有被窃的可能。此外，那些可以匿名使用的电子货币还可能成为洗钱、逃税、行贿等犯罪活动的工具。不过，随着技术的进步和规则的完善，电子货币必将成为最安全、高效的支付手段。

CyberCash ——到网上刷卡

拿信用卡到ATM上提款或在POS机上刷卡结账对您来讲早就不是新鲜事了，而用这张卡到网上消费您也许未必熟悉。1994年，CyberCash公司（www.cybercash.com）推出了这种以信用卡为基础的网上支付系统。在这个系统中，CyberCash服务器是消费者、商户及它们的开户行之间传递信息的"安全通道"。在网上购物时，消费者先将欲购商品的数量、金额和信用卡号等信息传给商户，商户再将其中与结算相关的信息（信用卡号、消费金额）通过CyberCash服务器传给自己的开户行，商户开户行据此同消费者开户行联系，双方确认交易真实性后划转资金，随后通知商户和消费者转账成功，商户得到通知后立即送货。

✷ Echeck ——电子支票的典型

　　Echeck（www.echeck.org）是美国金融服务技术联合会组织开发的电子支票系统，是目前最有影响的系统。Echeck 于 1998 年 6 月开始进行使用实验，美国财政部对 50 个美国国防部的产品供应商的网上采购使用了 Echeck 电子支票进行支付。Echeck 使用比较简单，首先是付款方用称做"电子支票簿"的软件生成电子支票，并通过因特网发送给收款方，然后收款方根据收到的电子支票用自己的"电子支票簿"软件生成进账单并发送给银行，最后银行在确认双方身份之后，根据电子支票的内容，把款项从付款方账户划转到收款方账户，这样无须客户亲自到银行办理手续转账就可以顺利完成了。

✷ Ecash ——电子现金的代表

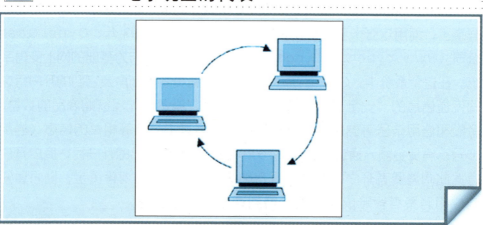

094

Ecash是由Digi Cash（www.digicash.com）公司开发的一种无条件匿名电子现金系统，1995年首先由美国密苏里州圣路易斯一家银行用于网上支付。Ecash系统的参与者为客户、商户和银行。客户和商户在Ecash银行开立账户，客户可以从银行账户中提取电子现金并存到自己的Ecash钱包里。Ecash钱包负责储存和管理客户的电子现金，并保存所有的交易记录。客户的Ecash钱包里有了电子现金后就可以到商户的网站上购物。消费时，商户将客户的电子现金送到银行，银行先辨别该电子现金的真伪和是否消费过，然后银行将"合格"的电子货币存入商户账户并通知商户，此时商户就可以将商品送出了。

网络银行

如今，网络不但可以帮您省下逛商场的时间，而且网络银行的出现还能为您免去跑银行的麻烦。网络银行就是指通过因特网将客户的电脑终端连接至银行网站，将银行服务直接送到客户家中或办公室的银行服务方式，它使客户足不出户就可以享受到综合、统一、安全、实时的银行服务。服务内容主要包括对公、对私的各种零售和批发的全方位银行业务。网络银行代表着一种全新的业务模式和未来的发展方向，它使银行减少了固定网点、降低了经营成本，使银行由经营金融产品的中介机构开始向提供信息和投资理财的服务性机构转变。

☀ 电子商务催生网络银行

　　做几下点击动作就有人送来食品和衣裳，的确很过瘾，不过这样的"戏法"没有资金做后盾是变不出来的。要实现电子商务必须保证资金能够正确、安全、及时地在网上流通，而这一点就推动了网络银行的出现和迅速发展。在网络银行出现之前，所谓的网上购物实际上只是网上浏览、网上订单、网下结算，由于结算渠道仍是传统的"一手交钱、一手交货"，电子商务的优势不能真正发挥，而这种没有网络银行参与的交易活动也谈不上是真正的电子商务。当网络银行介入之后，一切都发生了变化，电子商务的流程也真正实现了网上浏览、网上订单、网上结算。

☀ 网络银行的"血统"

其实，帮我们"变戏法"的网络银行有三种不同的"出身"。第一种，有纯正的传统银行"血统"，是传统银行在网上构建的与交易大厅、电话系统、ATM自助设备等相并列的营销渠道，主要的功能是介绍银行的情况和发布相关的金融信息。第二种，也有传统银行的"血统"，但它具有比较大的独立性，是传统银行设置的虚拟储蓄所或虚拟分行，有相对独立的业务，在管理上是一个单独的部门。第三种则是纯粹的"野孩子"，毫无传统银行"血统"而言，它是直接建立在因特网上的完完全全的虚拟银行。体制灵活、技术更新快的"野性"是它的魅力所在。

银行逐鹿虚拟世界

为了在激烈的竞争中求得生存和发展，任何一家不甘落后的银行都有足够的动力来发展网络银行，利用因特网开展新的银行业务成了银行之间竞争的新战场。美国和欧洲是发展网络银行业务最为迅速的国家和地区，其网络银行的数量之和占世界市场的90%以上。截至2000年3月，全世界共有2767家银行在因特网上设立了站点，其中仅美国就有1930家，而剩下的837家也主要集中在欧洲。中国自1997年以来开始发展网络银行业务，招商银行、中国银行、建设银行、工商银行都陆续开通了自己的网站，支持网上支付、网上自助转账和网上缴费，初步实现了在线金融服务。

安全第一网络银行——全球第一家网络银行

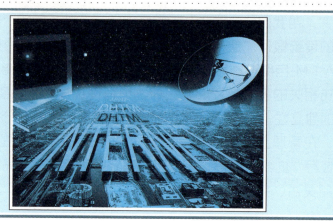

　　1995年10月，"安全第一网络银行"（Security First Network Bank，简称SFNB）在美国亚特兰大市成立，它是全球第一家在因特网上进行所有交易处理的开放性银行。这家银行没有建筑物，没有地址，只有网址，员工也仅有10人，营业厅就是网站的首页，所有交易都通过网络进行。SFNB在成立的第二年发展客户5000多个，遍布全美50个州，吸收存款金额达到1400万美元。SFNB的出现使银行的经营理念发生了深刻的变革，富丽堂皇的高楼大厦不再是信誉的象征和实力的保障，在世界各地铺摊设点以开拓国际市场的方法将被淘汰，银行之间的竞争将呈现出国内与国外、网上与网下的多元格局。

招商银行——中国网络银行的先行者

早在1997年，招商银行就敏锐地意识到网络时代所蕴藏的巨大潜力，并于当年4月在国内设立网站，开办网络银行业务"一网通"。1999年9月，招行又率先在国内全面启动网络银行服务，建立由网上企业银行、网上个人银行、网上证券、网上商城、网上支付组成的网络银行服务体系，并逐渐发展成为综合性金融理财网站（www.cmbchina.com）。目前，无论是在网络银行技术上，还是在业务量上招行均在国内同业中处于领先地位。"一网通"现已成为国内网络银行尤其是网上支付系统的知名品牌，并被许多著名商务网站列为首选网上支付工具。2000年1月，招行网站被评为"中国十大优秀网站"。

钱放到网上安全吗

因特网的开放性导致了安全性的降低，资源的共享和分布更增加了网络受侵的隐患。于是，当任何人把真金白银放到网上的时候都不免会产生种种担忧。美国波士顿咨询公司曾对客户不愿接受网络银行的原因做过市场调查，结果显示，有80％是出于对风险因素的考虑。事实上，随着网络银行的发展，其遭受黑客攻击的事件也的确频频发生：SFNB开业仅两个月，就有10000名黑客企图非法入侵。当然，面对这样的情况，作为网络银行的经营者不可能坐视不管，各种安全措施将会不断地完善；作为网络银行的用户也不能因噎废食，网络银行必定逐渐融入我们的生活。

☀ 网上证券

挤股票大厅、打委托电话早已过时，网上证券成为今日时尚。网上证券交易，即投资者利用因特网获取证券即时报价，分析市场行情，并通过网络委托下单，进行交易。这种方式已使证券交易简单到了好像是在打电脑游戏。但是，需要提醒您的是，轻点鼠标的动作可有一掷千金的分量。随着网上证券的发展，这种交易方式的优势也鲜明地体现出来。首先，网上交易打破了时间限制，跨越了地域障碍；其次，券商的网站容纳了大量信息和研究报告，满足了投资者决策的需要；此外，由于投资者足不出户，券商减少了营业部建设，整个交易的成本也降到了最低。

☀ 券商竞争的新战场

网上证券为投资者提供了新的交易方式，也为券商创造了激烈竞争的新战场。1995年8月，摩根斯坦利添惠首先提供了网上证券交易；1997年初嘉信理财也开展网上业务，并成为目前最大的网上券商；曾一度排斥网上交易的老牌券商美林也于1999年宣布推出网上证券交易。中国的网上证券起步于1997年，起步略晚但发展速度很快，并出现了一批优秀的券商网站，以证券社区起家的证券之星（www.stockstar.com.cn），以财经新闻见长的和讯网（www.homeway.com.cn），是这些券商网站的代表。

你我各天涯，风险藏其中

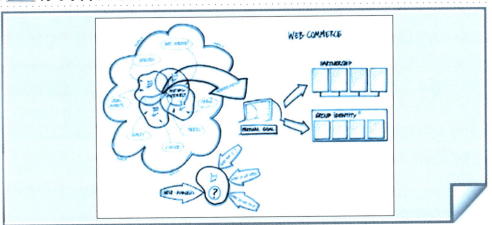

与其他网络交易一样，网上证券首先面临的威胁也来自于网络安全方面。由于证券的网上交易往往涉及巨额资金，一旦信息泄露会造成重大损失，因此，网上证券对安全性的要求会更高。此外，网上证券在消除了空间障碍的同时也带来了交易的信用问题。一方面投资者可能不以本人身份证开户和交易，那么在他投资失败后法律上就无法追究他的责任，而损失只能由经纪公司来承担。另一方面，一些经纪公司也可能利用客户的信息障碍使客户交易指令在公司内部成交。因此，为了网上证券的进一步发展，加强网络安全与强化对投资者和券商的监督都是必不可少的。

✳ 嘉信在网上变大

　　几年前，嘉信理财公司在美国是一个名不见经传的小券商。1996 年，该公司推出网上证券交易业务，凭着低廉的手续费、完善的信息服务和大量的广告宣传，到 1997 年底，嘉信的网上客户就达到了 120 万。如今，嘉信以每年超过 2000 亿美元的网上交易额、20 亿美元以上的收入、550 万美元的网上客户、4330 亿美元客户资产和占全美交易量 30％ 的网上交易量跻身于美国十大券商之列。由此，公司股票开始受到投资者的青睐，1999 年底股票市值达到 225 亿美元。在 1998 年美国评出的对证券市场最有影响的十大人物中，嘉信总裁也仅次格林斯潘而名列第二。

✳ 证券之星

　　证券之星（www.stockstar.com.cn）于1996年开通，是中国第一家网络金融证券机构，也是目前中国访问量最多的证券网站，2001年1月底，网站注册用户已经突破200万大关。证券之星的网站提供包括即时行情、新闻资讯、智能选股、在线交易在内的一系列金融证券服务，其涵盖范围以国内股票为主、兼有世界其他市场的金融产品。目前，证券之星的行情数据已经为国内多家门户网站使用，约占全国70％的市场份额。证券之星独具特色的证券服务受到了业界、股民和网民的广泛好评，并在中国互联网络信息中心（CNNIC）的中国互联网络发展状况的调查中，多次蝉联金融证券类网站第一名。

网上保险

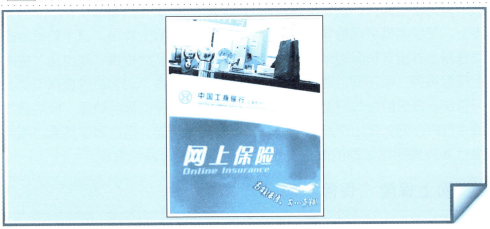

　　提到保险很多人会想到接受生硬保险推销时的无奈，会想到理赔时跑来跑去的苦恼，而网上保险出现之后，这一切将成为过去。网上保险，即保险企业通过因特网销售保险产品和提供相关的服务，它的主要目的是改变人们的保险习惯，变原来的被动接受保险为主动寻求保险。网上保险好处很多，首先，它能提供大量专业化信息，实现投保的理性化。其次，网上投保可以避免用传统方式投保个人隐私在中介环节上的泄露。除此以外，与其他的网络交易方式一样，网上保险的方便、快捷、低成本、跨越时空等优点也是传统方式所不具备的。

❋ 从网上推介到网上服务

　　从破土而出到枝繁叶茂，网上保险的成长大体经历了三个阶段。初级阶段为网上推介，这个阶段保险公司将精力集中在公司形象和产品的宣传上，是探索网络保险营销的起点。发展阶段为网上卖单，这个阶段的重点是网上推出直销保险单，保险公司通过网络向客户提供"半自动"的网上保险服务，即在网上对客户进行介绍和提供咨询，对客户的投保申请上门签单。高级阶段为网上服务，这是"全自动"保险服务阶段，保险公司确定客户在网上提出的投保意向后与其在网上签单，客户将保费通过网络银行划转到保险公司的账户，整个过程完全通过网络实现。

❋ 网上保险"保险"吗

其实，网上保险本身的确存在某些“不保险”的因素。对于保户而言，包含个人隐私的客户资料要通过网络传递，而一旦网络安全没有保障，客户的资料就很有可能被泄露出去。而对于保险公司而言，由于网上保险没有实体办公室，保险公司与保户间不能面对面的接触，对保户的保险信息进行评估就变得十分困难，网上保险遭遇“道德风险”的可能要远远大于传统保险方式。另外，与传统保险一样，网上保险也涉及医院、银行等相关行业的配合，而这又使网上保险的运行多了许多不确定因素。看来，网上保险仍然带着一身稚气，成长的道路还很漫长。

INSWEB——全球最大的保险网站

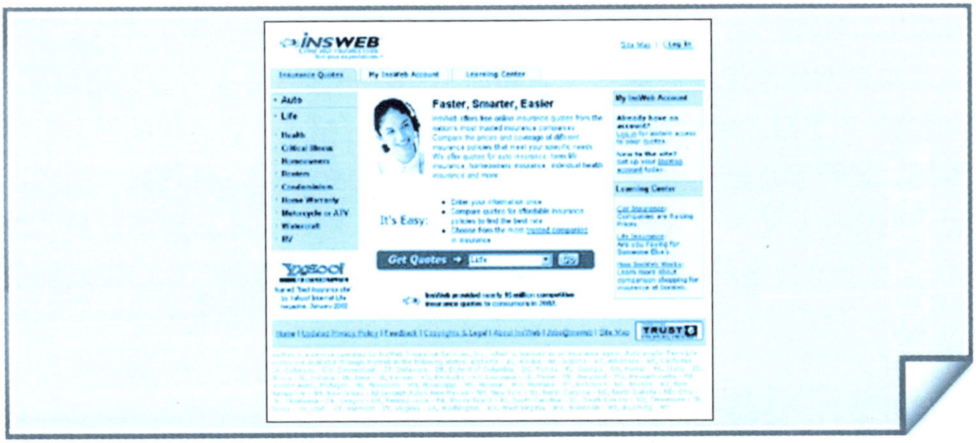

INSWEB（www.insweb.com）是全球最大的保险网站，在业界有着非常高的声誉，被FORBES称为网上最优秀的站点，也是YAHOO评出的全世界50个最值得信赖和最有用的站点之一，这个站点涵盖了从汽车、房屋、医疗、人寿、甚至宠物保险在内的非常广泛的保险业务范围。INSWEB于1995年2月创立，总部设在美国加州的红杉城，INSWEB接受了软银等多家知名风险投资公司的巨额投资，现在该公司的股票已在纳斯达克上市。INSWEB是一个扩张性非常强的公司，它不但和世界上50多家著名的保险公司有业务协议，同时它通过与其他180多个著名站点连接进行合作的方式，吸引源源不断的客户访问它的站点。

❋ 网险——中国首家大型保险网站

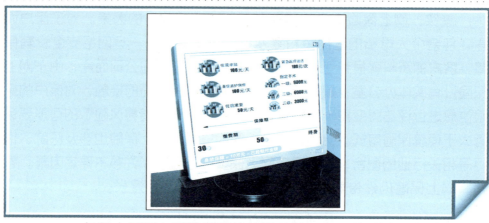

　　2000 年是中国网上保险发展比较迅速的一年，许多大型保险网站陆续诞生，"网险"就是其中的代表。"网险"（www.orisk.net）于这年 3 月由北京东方网险电子商务有限公司推出，它是国内首家大型保险网站。"网险"不是网上保险公司，也不是网上保险经纪人，而是单纯的第三方网站，是开放性保险商务平台，它介绍业内信息，比较各保险公司业务，以"网络保险超市"为经营理念，容纳多家保险公司在其网站开设"店面"，全面支持客户与保险公司的在线交易与清算。受网上保险美好前景的吸引，目前已有太平洋保险北京分公司、泰康人寿等多家保险公司加盟"网险"。

❋ PA18 新概念——网上金融超市

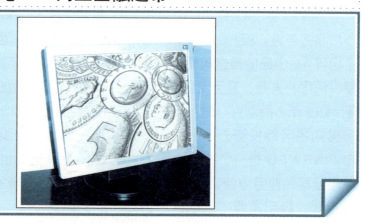

目前，中国金融领域实行的仍然是分业管理，银行、保险、证券之间的合作只能在小范围开展，而互联网电子商务的出现则为它们之间广泛的合作提供了机会。PA18新概念网站（www.pa18.com）正是这种合作的典型，它以网上金融超市为经营目标，提供的交易平台涵盖了全面的保险、证券、银行业务，并提供与这些方面相关的专业资讯和个人理财规划。PA18于2000年8月开通，由平安信息网络公司推出，主要股东是平安集团，国际著名的投资银行摩根·斯坦利、高盛等也为其提供了一定的资金，并给予了强大的技术支持。

虚拟企业

物流管理解决方案

订单管理系统
仓储管理系统
运输配送管理系统
GPS调度监控系统

知识经济需要企业加强与外部交流，构建虚拟企业、借助外力加快发展也就成了企业的必然选择。虚拟企业是企业同相关企业和个人通过信息网络建立的动态联盟，联盟成员之间都通过网络进行业务往来，联盟通常是暂时性的，它随着合作项目的开始和结束而产生和解散。虚拟企业使其每个成员都可以充分地借用外力推动自身进一步发展，并实现资源的高度整合。比如，国际上一些著名航空公司通过虚拟企业形式集成它们的航班，虚拟企业能提供给旅客一个飞行班次和航线都异常丰富的航空时刻表，而旅客感觉到的只是一家虚拟航空公司在为其服务。

✹ 虚拟企业"虚"在哪里

　　首先，虚拟企业的人力是虚拟化的。网络把来自不同企业的人员集成在一起，使他们为一个共同的目标而协调工作。其次，虚拟企业的地域是虚拟化的。以全球互联网为依托，虚拟企业可以完全打破地域的界限，全球任何一个角落的企业或个人只要连接到互联网上就有可能成为虚拟企业的成员，由此虚拟企业也就能轻松地实现异地开发、异地制造。此外，虚拟企业的功能也是虚拟的。由于虚拟企业的成员许多功能是"外部力量"形成的，对于一个具体的成员企业而言，这些功能是它本身所不具备的，因此这样的功能对其来讲，就是一种虚拟化的功能。

✹ 地球村公司的 e 故事

1998 年，广州地球村电脑网络软件技术有限公司讲起了它的虚拟企业的故事。这年10月地球村公司开始在网上接受虚拟员工报名；11月，虚拟员工 Jack 便为公司开发出了员工管理系统；1999 年10月和12月，地球村虚拟公司通过互联网与日本客户先后达成两项合作项目；2000 年1月，地球村虚拟公司启动第二期虚拟员工招聘计划……虚拟公司自运作以来，实现了软件的合作开发、设计和实施，很好地完成了掌中讯短消息解决方案、点点通 2.5 版、诺基亚手机个性化服务系统等许多大型项目。此外，虚拟公司还进行了网络营销，目前，该公司的许多软件已经远销美国。

知识经济推动"头脑产业"——咨询业迅速发展

"咨询"是一种以知识、信息、技术和经验提供智力服务的工作。咨询活动是一种非常古老的社会现象，早在春秋战国时期就已存在，"门客"就是咨询从业人员的前身。如今，伴随着知识经济的到来，咨询业也进入了迅速发展的时期。由于人类物质生产和社会生活中需要运用的知识与日俱增，任何人或组织都很难独立地处理他们所面临的各种问题，要真正弄清这些问题产生的原因并找出切实可行的解决方案，就必须要借助于专门的咨询研究机构的帮助。目前，许多国家的咨询业都有了长足的进步，而其中发展比较好的主要有美国、英国、日本等国。

✳ 咨询业在中国

　　中国现代咨询服务业兴起于20世纪70年代末，虽然发展时间比较短，但发展的速度却非常快，咨询机构的数量增长十分迅速，咨询范围也在日益扩大。据1998年的统计，在中国工商行政部门注册的专业性咨询机构已经接近3000家，从业人员达到10万多人。仅1998年一年，全国就签订了4万多项技术咨询合同，合同总金额近15亿元。现在，中国咨询机构的业务已经涵盖了政策咨询、工程咨询、技术咨询和管理咨询等多个咨询领域。并且出现了全过程咨询、咨询代理、涉外咨询和监理等特殊咨询业务，这表明中国的咨询产业已经开始向更高的阶段发展。

✳ 生物世纪已经到来

正如诺贝尔奖获得者、美国著名化学家罗伯特·柯尔在1996年所讲的那样，"20世纪是物理学和化学的世纪，下个世纪显然是生物学的世纪"。21世纪，生物技术将深刻地影响整个社会，并完完全全地融入人们的生活。人们将逐渐学会利用转基因技术创造出高产并防病虫害的农作物，利用遗传工程制药来赶走心脏病、癌症和艾滋病等人类生命的"大敌"，利用克隆技术复制动植物及其器官用于农业生产和医疗。当然，今天的生物技术还很不成熟，人类在此领域遇到的许多难题还没有很好地解决，而且由此还产生了转基因食品是否安全、克隆技术冲击社会伦理等许多新问题。

☀ 生物芯片产业：前景巨大的产业

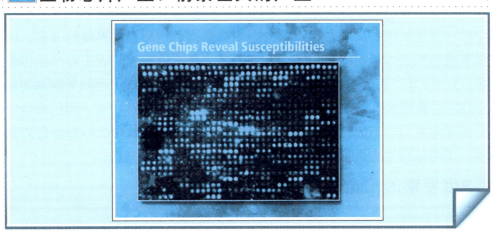

Gene Chips Reveal Susceptibilities

生物芯片技术是一种高通量检测技术，它的发展和成熟将为疾病诊断和治疗、新药开发和环境监测等领域带来一场革命，同时也将为人类提供能够对个体生物信息进行高速采集和分析的强有力手段，因此基因芯片及相关产业必将取代微电子芯片产业，成为新兴的前景异常广阔的产业。2001年，全世界生物芯片的市场已达170亿美元，而根据专家估计，到2005年，仅美国用于基因组研究的芯片销售额就将达50亿美元，2010年有可能上升为400亿美元。这其中还不包括用于疾病预防、诊治及其他领域中的生物芯片，而这部分预计比基因组研究用量还要大上百倍。

 ok

◈ 美国在生物技术竞争中 "领跑"

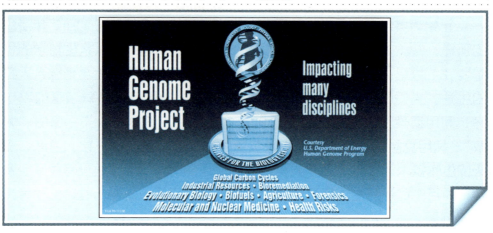

世界各国都对生物技术的发展 "给予" 了高度的重视，并纷纷参与到这个新技术的竞争大潮之中。然而，20 多年来，世界生物技术发展的中心一直在美国。美国生物技术公司的数量远远地超过世界其他国家，美国实验室和公司获得的生物技术专利最多，美国生产的基因工程产品也最多。1995 年，在美国至少设立了1311 家生物技术公司，而同期欧洲国家设立的生物技术公司只有400 家左右，数量不到美国的1/3。而日本与生物技术相关公司的数量和规模与美国的差距则更大，其中以制药业最为明显，美国从事生物制药的公司数量至少是日本的12 倍。

◈ 俄罗斯的 "金碗" 是空的

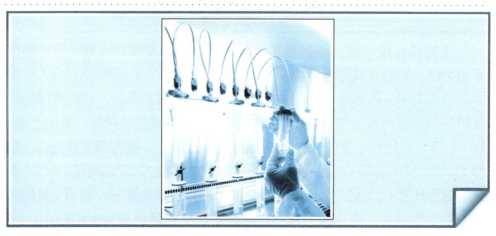

近年来，随着世界各国生物技术的发展，俄罗斯的生物技术也得到了长足的进步。目前，在俄罗斯不仅农科院，其他研究单位，如农业部、俄罗斯科学院和高等院校都在进行基因工程的研究。俄罗斯已经掌握了改造动植物生长激素，改良动植物品种，培养有特殊性能的工业用、农业用和医药用转基因动物等先进生物技术，俄罗斯拥有了能在生物世纪美餐一顿的"金碗"。然而，许多亟待解决的问题也在困扰着俄罗斯生物技术的发展。资金不足、旧体制束缚、科研与市场脱节等现象依然存在，难怪连农科院这样的科研机构捧着"金碗"也总嚷着"没饭吃"。

知识经济的新细胞——科技园区

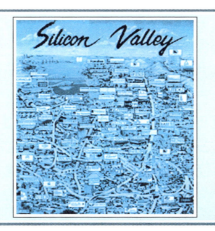

应该说，人类在科学技术产业化方面最重大的创举就是建设科技园区，也称高技术产业开发区，它是知识经济的新细胞。知识经济以高科技产业为支柱，科技园区则是高科技产业孕育和成长的基地。科技园区紧靠大学，人才集中，基础设施完善，风险投资发达，创业气氛活跃。它将大学、科研机构和生产企业融于一体，将知识的生产、传播和应用紧密衔接，它保证了高科技产业的迅速、持久发展。它一经出现便在世界流行，从美国的"硅谷"到英国的"硅沼"，再到以色列的"硅溪"，各式各样的科技园区已如雨后春笋般兴起在全球各个角落。

❋ 从研究园到高技术产业带

　　推动知识经济发展的科技园区形形色色，但究其实质可将其归结为研究园、加工型高技术产业区和高技术产业带等几种主要类型。研究园是以大学为基础，仿效硅谷模式创办的科技园区，这是目前最为流行的一种方式。加工型高技术产业区是大公司生产厂的集中地区，一般自然形成，通常不进行或很少进行研究开发工作，日本的硅岛、美国达拉斯——奥斯汀"硅草原"是其代表。高技术产业带是在已有一定高技术工业基础的地区，经进一步开发建设而形成的经济实力雄厚的高技术产业地带。这是一种投资少、见效快的方法，加拿大的"北硅谷"是其典型。

❋ 硅谷

114

美国西海岸加利福尼亚州圣克拉拉县的一片果园，经过斯坦福大学和一大批创业者的艰苦努力，仅用30年的时间，便发展成为举世瞩目的科技园区——硅谷。硅谷是科技园区的鼻祖，在高科技领域内，任何地方都没有硅谷那样具有影响。今天，全世界最大的100家高科技公司中有大约1/5的公司把总部设在了硅谷，仅其中最大的5家公司的收入加在一起就有400亿美元之多。几十年来，在硅谷这片肥沃的土壤中诞生了数千家公司和难以计数的百万富翁。硅谷的成功向世界展示了科技园区的巨大生命力，受其影响，世界其他各国也纷纷开始建设自己的科技园区。

"肖克莱"在硅谷中"裂变"

科技园区为企业的成长提供了肥沃的土壤，也为企业"裂变"式发展提供了可能，同时这种"裂变"也会为科技园区的发展起推动作用。"肖克莱研究所"是在硅谷成立的第一家半导体公司，它就在硅谷实现了"裂变"，并对日后硅谷的发展产生了巨大影响。1957年，8位工程师脱离"肖克莱"创建了"仙童半导体公司"。之后，有许多工程师又脱离仙童创建新公司，这其中包括著名的"英特尔公司"。1969年美国举行了一次重要的半导体技术会议，与会的400多人中竟然有380多人在仙童工作过。到1979年，从仙童公司分裂出来的高科技公司达到了50多家。

☀ 硅沼升华"剑桥奇迹"

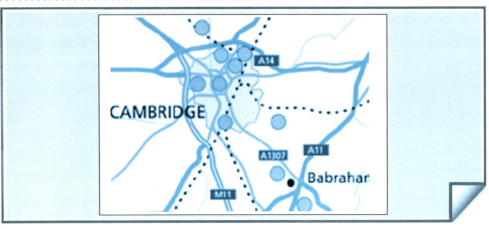

　　20世纪60年代兴建的剑桥大学科学园，致力于将大学科研与企业相结合，涉及生物、电子、计算机等多个领域。20年后，这片土地上集中了近500家高新技术企业，为4000多人提供了就业机会，年产值以数亿英镑计。这座欧洲最成功的科学园被称为"剑桥现象"或"剑桥奇迹"。1996年，布罗厄斯就任剑桥校长，推动剑桥周边形成信息技术园区"硅沼"，而"硅沼"的建立又为"剑桥奇迹"注入了新的生命力。"硅沼"之名，得自剑桥周边信息技术企业所在的那片沼泽地。几年间，"硅沼"冒出了1000多家高新技术企业，雇佣员工3万多名。

☀ 印度班加罗尔——亚洲硅谷

　　班加罗尔是印度南部著名的花园城市，以风光秀丽、气候宜人而出名。近年来，班加罗尔又以其计算机软件业闻名世界，被誉为亚洲的硅谷。2001 年，联合国开发署在世界新兴工业城市中将班加罗尔排名第四。20 世纪 90 年代初，印度政府根据信息技术发展的潮流，特别是美国信息高速公路发展的趋势，制定了重点发展计算机软件的长远战略，并在班加罗尔建立了全国第一个计算机软件技术园区。2000～2001 年度班加罗尔的计算机软件出口达 16.3 亿美元，10 年内上升了 108 倍。如今，班加罗尔已经成为印度计算机软件"心脏"，吸引了全球 400 多家著名信息技术公司在此投资。

中关村——中国第一个国家级高新开发区

　　中关村是以北京新技术产业开发试验区为主体的区域，从 20 世纪 80 年代开始发展，如今已经成为令全世界瞩目的高科技园区。中关村科技园区的发展历史应该追溯到改革开放之初的中关村电子一条街，然后经历了从电子一条街到北京新技术产业开发试验区，再到今日中关村科技园区的成长历程。现在，中关村已经初具规模，成为首都经济的主要增长点，而且在全国也产生了良好的影响。1999 年，中关村科技园区一区五园技工贸总收入达到 1049 亿元，年增长速度为 19.6％。现在的中关村已经拥有一批国内外知名的优势产品，其中单项产品上亿元的就有 17 项。

■ "中国光谷" 即将崛起

　　众所周知，光电子产业已成为一个增长迅速、市场潜力巨大的产业。有人预言，这一产业可能在21世纪成为全球最大的产业，并引领人类文明由电子时代步入光子时代！目前，世界各国都在积极地发展光电产业，中国在上海、北京、长春和武汉等地也成立了"光电子产业园区"，即 "光谷"，准备抢占光电经济的制高点。2000年，"中国光谷"已和境内外100多家著名公司达成130多个项目的合作意向，总投资达人民币45亿元，美元15亿元，新增各类专业人才6000多人。"中国光谷"有着光电产业美妙前景和大批企业、资金、人才的支撑，崛起指日可待。

■ 风险投资

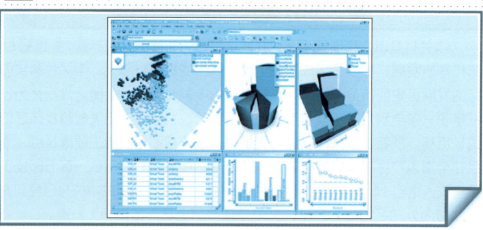

知识经济的发展得益于高科技产业的发展，而推动高科技产业发展最强劲的动力应属风险投资。风险投资是新公司设立时的"种子"资金，它使企业家的理想变成现实的公司，生产出新的产品或服务，创造出巨大的价值。根据美国风险投资协会的定义，风险投资是由职业金融家投入到新兴的、迅速发展的、有巨大潜力的企业中的一种权益资本。风险投资主要是投资人对创业期企业尤其是高科技企业或高增长型企业提供资本，并通过资产经营的方式对其进行培育和辅导。在企业成长发育到相对成熟的阶段后风险投资便退出，以此实现自身资本的增值。

风险投资的"发迹"史

　　风险投资起源于美国，经过几十年的发展和完善后，在世界范围内流行。新兴的中小企业，特别是高科技企业的强烈融资需求是风险投资产生的根本原因。1946年，美国研究与开发公司（ARD）的成立标志着风险投资诞生。1958年，美国政府也参与其中，风险投资发展成一个行业。但到20世纪60年代末，美国经济萧条、金融萎缩，风险投资规模明显缩小。直到1978年美国降低资本收益税和出现半导体、个人电脑大发展后，风险投资才进入快速发展阶段。20世纪80年代，风险投资在全球掀起发展热潮，目前风险投资已经成为对经济发展起重大推动作用的新兴金融产业。

✴ 要高风险也要高回报

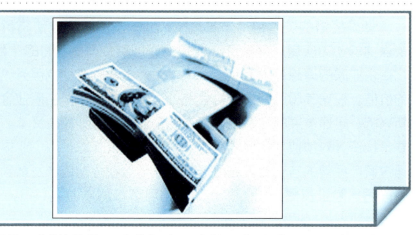

　　风险投资可以说是最勇敢的投资，它为刚起步的高科技中小企业融资，而这些企业在技术、管理、市场等多方面都存在很大的不确定性，即便是在发达国家这类企业的成功率也只有20％～30％，风险之大显而易见。当然，风险投资的勇敢并非出于冲动，而是出自风险投资家的专业判断。风险投资通常投资于一个包括10个以上项目的项目群，而这些项目都处在信息技术、生物工程等高增长领域，只要有一个项目获得成功，就会给投资者带来几倍，甚至是几十、几百倍的投资回报，这部分回报在弥补失败项目的损失后，仍然可以获得十分丰厚的收益。

✴ 风险投资善打"游击战"

　　"打一枪，换一个地方"是风险投资惯用的战术。风险资本在市场中四处活动，哪里有风险极高的新技术开发活动，风险投资家就会随之出现在哪里，他们极力捕捉每一个可能获利的机会。对捕捉到的对象经严格审查后便开始"下手"，由于投资风险很大，风险资本通常对选定的项目也只投入一部分，一般不超过５０％，其余部分邀请其他风险资本参与投资。当被投资企业经几年的成功经营后，在社会上有了一定的影响，其股票就能够上市。这时，风险资本便抛出被投企业的股票，实现其投资回报。此役告捷，风险资本会在市场中盯上新的"猎物"，并伺机行动。

拿谁的钱去冒风险

　　由于各国国情存在差别，因此，各国风险投资的资金来源也有所不同，但它们的主要来源还是可以归结为以下几种。第一个来源是富有的家庭和个人，这一类投资者在资本市场上投入了大量资金。第二个来源是机构投资者，这其中包括公司退休基金、公共退休基金、大学后备基金和各种非获利基金会的基金，这些机构投资者是风险投资的主要资金来源。第三个来源是大公司的资本，出于战略考虑，一些高科技大公司也设有风险投资部门，或直接投资于与自身战略利益相关的风险企业。此外，私募证券基金、共同基金等也是风险投资资金相对重要的来源。

✴ "游击战"的撤退路线

　　由于风险投资是在"游击"中获利，所以它不会一直陪伴企业的成长，一个项目的投资无论成败，风险投资都会"撤退"。而一般来讲，风险投资"撤退"主要有四条路线可走。第一，首次公开发行（IPO）。这是风险投资最佳的退出渠道，投资会得到很高的回报。在美国，大约有30％的风险投资采取这种方式退出。第二，出售。由另一家公司收购被投企业，通常这种方式的收益率是IPO的1/5。第三，回购。由创业者购回风险投资公司所持的股份，这通常只作为备用退出方式。第四，清算和破产。"游击"受阻也是常事，这种方式一般只能收回原投资额的60％左右。

✴ 风险投资鼻祖ARD的大手笔

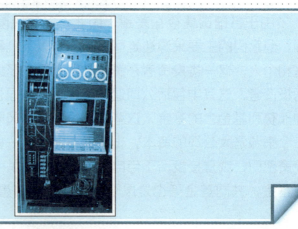

　　1946年美国哈佛大学教授乔治多里特首开风险投资之先河，创立了美国研究开发公司（ARD）。ARD最成功的运作范例是从1957年起对DEC进行了总计40万美元的风险投入，使得当时发誓要与IBM公司一争高低的DEC终于得以顺利开发出PDP系列计算机，公司收入从1965年的1500万美元上升到1966年的2300万美元，真正成为当时可以与IBM相抗衡的对手。经过其后30多年的不断发展，在1997年度"全美500大"企业排名表上，DEC已成为排名第118位、资产总额97亿美元、年销售收入130亿美元的大型跨国企业。1998年DEC与Compaq计算机公司合并，合并后的Compaq公司在1999年排名中名列全球第70位、全美第20位。

✺ IDGVC——第一个进入中国的美国风险投资公司

　　DG技术创业投资基金（IDGVC），原名美国太平洋技术风险投资基金（中国），于1992年由全球领先的信息技术服务公司——国际数据集团（IDG）建立。IDGVC是第一家进入中国市场的美国风险投资公司，它对中国的投资集中于国际互联网、信息服务、软件、通讯及生物工程等高科技领域。迄今为止，已向中国创业公司投资超过1亿美元。1998年10月，IDG与中国科学技术部在北京签署合作备忘录。根据这项备忘录，IDGVC将在7年内向中国高新技术企业投资10亿美元，大力扶植中国发展高新技术产业。IDGVC总部设在北京，并在上海、广州、天津、深圳以及美国的波士顿和加州硅谷设有分支机构。

中创——中国首家创业投资公司

　　1986年，在国家科委的领导下，中国第一家创业投资公司——中国新技术创业投资公司（中创）成立了。中创公司通过投资、贷款、租赁等业务，为风险企业提供了资金支持。成立初期，对中国科技成果的产业化做出了较大贡献，但后期因炒作期货、房地产，导致公司被清算。1998年，中国人民银行终止了中创的金融业务，这样，中国首家专营风险投资的金融机构结束了它的发展历程。当然，中国发展风险投资的脚步并没有就此停止，中国科招高技术有限公司、广州技术创业公司等多家风险投资企业在其后相继出现，并对中国的高科技产业的发展起了巨大的推动作用。

二板市场

风险投资"撤退"的路线有很多条，而"二板市场"是其最爱选择的一条。二板市场（Second Board）是和主板市场（Main Board）相对应的概念，又叫做中小企业市场、创业板市场或小盘股市场，它是指主板以外专门为具有潜在成长性的中小企业和新兴企业提供筹资渠道的资本市场。二板市场对上市公司经营业绩和资产规模要求相对较松，但对信息披露和上市管理十分严格。二板市场主要是为解决企业在创业过程中处于幼稚阶段中后期和产业化阶段初期在筹集资本方面的问题，以及这些企业的资产评估、风险分散和创业资本的股权交易等问题而设立的。

风险投资唤出二板市场

二板市场可以说是风险投资为"撤退"方便而开辟出的新路线，风险投资是推动二板市场产生的直接原因。风险投资不是实业投资，一般情况下它不会自始至终地陪伴一个企业的发展，它的主要目的是在实现企业高度增值以后退出，从而获得高额回报。当一个企业高成长期结束，风险资本就要撤离，去寻找新的回报更高的企业进行投资。而在风险投资"撤退"的几种方式中，推动企业公开上市是最为理想的方式。可是，一般中小企业通常达不到在主板上市的标准，风险投资通过主板上市退出的可能很小。于是，风险投资只好另辟蹊径，二板市场也就应运而生了。

✺ NASDAQ（纳斯达克）——高科技企业成长的摇篮

　　NASDAQ市场于1971年诞生，与1792年诞生的纽约证券交易所相比要年轻了许多。但在经历了30多年的发展之后，NASDAQ的上市公司总数和成长速度均超过纽约证券交易所，成交额和市值等主要指标也与纽约证券交易所处在伯仲之间，应该说NASDAQ是世界证券市场发展中的一个奇迹。NASDAQ的主要服务对象是中小企业，上市标准相对较低。虽然在NASDAQ上市的公司来自于各个行业和部门，但20世纪90年代以来的情况表明，高科技企业是这个摇篮中成长最快的孩子，而世界著名的微软、英特尔、Novell、3Com、Nextel、Network General、MCI、TCI等则是这群孩子中最为茁壮的几个。

✺ 不看"出身"看未来——NASDAQ的"独特眼光"

与传统股票市场相比，NASDAQ 最具特色的地方在于它观察融资方的独到眼光。传统股票市场看中的是上市公司的"出身"，而 NASDAQ 看中的是它们的未来。传统股票市场由于担心高科技公司风险大而采取了排斥方针，而 NASDAQ 则采取积极欢迎的态度，它不要求上市公司的业绩面面俱到，在各个要素中，有一个不符合要求没有关系，只要其他要素符合标准即可。事实证明，正是由于 NASDAQ 这种定位使其获得了传统市场忽视的空间，抓住了新经济为证券市场带来的机遇，一举成为世界最具活力的市场。1999 年美国《商业周刊》选出的 100 家增长最快的公司中有 87% 在 NASDAQ 上市。

做市商制度——NASDAQ 的杀手锏

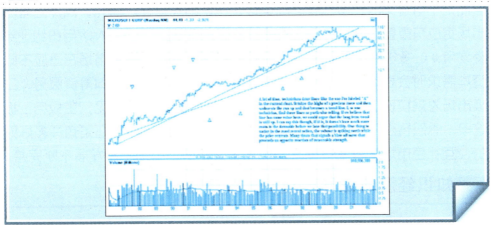

做市商制度（Market Make Rule）是 NASDAQ 与其他证券交易所的主要区别所在，是 NASDAQ 在激烈的竞争中得以所向披靡的杀手锏。做市商制度，也叫做庄家制度。做市商是一些独立的股票交易商，它为投资者承担某一股票的买进和卖出。有了做市商，买卖双方就无须等待对方出现，直接与做市商进行交易即可，做市商相应地承担买或卖的另一方责任。这种方式对于保证市值比较低，交易次数比较少的股票的交易起了重要作用。做市商制度增强了市场的稳定性，扩大了 NASDAQ 的影响力，吸引大量世界著名的企业在 NASDAQ 上市，同时这种制度也造就出了一大批优秀的机构投资者。

✺ 竞争与互补——二板与主板的"恩怨情愁"

　　二板市场与主板市场同处在一个大市场体系之中，它们之间的竞争自然是不可避免的，但二者之间也存在一定的互补性。首先，既然二者的市场定位有重叠之处，它们之间就必然要有竞争。ＮＡＳＤＡＱ与纽约证券交易所３０多年的竞争就是一个生动的例子。其次，资本市场在适应不同资本需求时会表现出多层次性。主板市场为有影响的大公司筹资服务，二板市场为规模较小，但发展潜力巨大的公司筹资服务。可见，主板与二板这段"恩怨情愁"的故事是不可避免的了。不过，这故事还是有许多好处的，互补使市场体系变得健全，而竞争又使两个市场不断发展不断完善。

✺ 知识经济的先导产业——教育业

经济的发展离不开自然资源和人力资源，如果说工业经济的发展主要依赖于自然资源的消耗，那么知识经济的发展主要依靠的则是人力资源的开发和利用，人力资源将是提高现代生产力的核心。由于人力资源开发、利用和积累主要取决于教育，于是教育业必将成为知识经济时代的先导产业。而且，知识经济条件下教育将区别于传统教育，它不仅要传授知识，而且还要生产知识。也就是说，教育不但要培养出高水平的人才，还要对知识进行物化，搞产品开发。教育将既是培养人才的事业，又是生产知识、物化知识的特殊产业部门。

知识经济时代的教育——素质教育

素质教育是知识经济时代教育的核心任务。获取知识的能力、运用知识的能力和创造新知识的能力将成为决定知识经济时代国家、企业和个人在激烈的竞争中输赢的关键。而这种能力就是个人、企业和国家综合素质的核心。美国学者德鲁克说："在知识社会，有教养的人是学会了学习的人。"应该说，知识经济时代教育的主要任务已经不是传授知识，而是素质的培养，即教师已经不再仅仅是讲授知识，还要教给学生获取知识、运用知识和创造知识的方法，培养学生创造性解决问题的能力、科学探索的精神及灵活的应变能力等多种内在素质。

教育新模式——"终身教育"

知识经济时代，知识老化的速度变得越来越快，一个人在学校学的专业知识无论多么"现代"，有3～5年的时间也会变得过时。为了适应时代的要求，"终身教育"出现了。"终身教育"又称"回归教育"、"更新教育"，是指完成了某一教育阶段的人，在其参加工作之后重新接受一定形式的、有组织的教育。"终身教育"的实现形式有许多种，一种是回到大学进一步深造；一种是职工在"边干边学"以外接受企业组织的专门培训；还有一种是社会业余教育，如日本的技术工人在训练所、养成所、教习所等接受培训，而管理人员可以到研修所和教育中心去学习。

超时空的"虚拟学校"

“终身教育”除了上文介绍的几种实现方式以外，近些年来又出现了一种新的实现方式，即通过网上的“虚拟学校”进行远程教育。美国宾夕法尼亚州的14所大学联合实施的网络教学就是这种方式的一个例子。这14所大学的教材都上了网，图书资料实现共享，学生可以不受时间和空间的限制，直接在网上选课和学习，教师也直接在网上批改作业。虽然这种学校是虚拟的，而它的教育成果却是真实的。目前，中国的“虚拟学校”也有了一定的发展，许多大学都在网上开设了远程教学的站点，有些大学还给在网上接受教育的学生颁发了毕业证书。

知识经济席卷全球

知识经济在全球化、信息化和网络化的推动下产生，并迅速发展成为一次席卷全球的浪潮。世界各国都对知识经济的兴起给予了高度重视，为适应经济发展的这一新形势各国纷纷加大对科研开发的支持，加快电信基础设施和互联网络的建设，积极推动电子商务的发展，兴建科技园区，发展风险投资，设立二板市场，增加教育投资。此外，世界各国还实施一系列发展知识经济的宏伟计划：欧盟要建设“知识化社会”，德国要确保知识经济大国地位，爱尔兰要大步迈向知识经济，日本要走向数字化时代，韩国要成为“头脑强国”，印度要成为软件大国……

🔆 欧盟建设"知识化社会"

　　近年来，为迎接知识经济时代的到来，在经济全球化迅速推进、世界市场竞争日益加剧的情况下，欧盟也适时制定了它的发展计划。1995年3月初，欧盟在布鲁塞尔召开了"西方七国集团信息社会部长级会议"，会议提出了要建立"全球信息社会"，并计划用10年时间发展欧洲"信息高速公路"。1997年底，欧盟委员会又发表"走向知识化欧洲"的报告。在这些发展规划的推动下欧盟各国实施了一系列具体措施：如，增加科技投入，努力发展新技术，兴建科技园区，促进科技产业化；大力强化人才开发，培养能够参与知识经济建设的世界一流劳动大军等。

🔆 知识经济与网络泡沫的膨胀

　　看完本章前面的内容，您也许开始为这种能给人类创造新财富的经济形式欢呼了，然而我们还需要向您提个醒，知识经济与其他的经济形式一样，它的发展不可能是一帆风顺的，挫折是在所难免的，近一段时间以来网络泡沫的膨胀和破灭正是知识经济面临的一次严峻考验。网络泡沫的膨胀始于1999年，从这年起人们对与网络沾边的一切都表现出了极大的兴趣。网络股股价成百倍地暴涨，NASDAQ指数1999年连创50多次新高；网络公司数量急剧增长，声势浩大的"Internet圈地运动"席卷全球……而正是伴随人们这种近似疯狂的"网络情结"，网络泡沫也开始形成并越吹越大。

网络泡沫的破灭

　　如果把1999年称作为网络泡沫膨胀之年，那么2000年已经成为网络泡沫破灭之年。这一年，纳斯达克股市出现剧烈震荡，股票指数一度从其最高峰时的5000多点跌到最低时的2000点以下，缩水一半以上；新上市的公司放弃了原来那种要千方百计地同网络挂钩的想法，而有的经营网络生意的公司甚至把".com"从公司的正式名字中去除了；银行和投资机构对新创立的网络公司兴趣也开始大大降低，投资者一看到网络两字便大把撒钱的事再也没有了。

知识经济的思辨

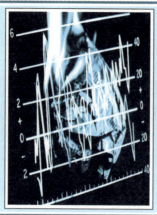

　　网络泡沫的破灭、电信业的受挫，对知识经济是一次洗礼，它让平庸的投资者亏损破产，把那些服务质量低劣、收入和利润微薄、运作模式不良的公司淘汰，而这种"大浪淘沙"对知识经济的健康发展是大有裨益的。在知识经济的发展初期，必然会出现鱼龙混杂的局面，由此导致其中大量泡沫成分的存在，但是，这并不意味着知识经济与泡沫之间有着某种必然的联系。知识经济必将成为未来经济的新模式，这已经成为共识，但目前它尚处于发育阶段，知识经济是一个"孩子"，我们当然不能因为倒洗澡水，连孩子一起倒掉。对待知识经济，我们必须充满信心！

中国迎接知识经济的挑战

知识经济已经扑面而来，无论你欢迎不欢迎、喜欢不喜欢，它都将成为21世纪世界经济的主导形式。我们当前的主要任务就是根据中国国情和条件，充分借鉴世界各国的经验和教训，适时制定正确的发展战略和具体的应对措施，迎接知识经济对中国的挑战。2001年世界银行发布的题为《中国与知识经济：把握21世纪》的报告也指出，面对21世纪日益增大的社会、政治和经济压力，在过去已取得经济增长和扶贫成就的基础上，中国需在发展战略上做出重大调整，以提升和建立驾驭知识革命所必需的新型体制和基础设施。

第三章 财富碰撞——创造财富的艺术

正如我们在前面几章中见到的，"财富"是一个如此令人感到新奇和神往的字眼。然而财富并不总是摆在我们眼前，它往往深藏于"迷宫"的某个角落，需要运用我们的智慧和一双善于发现的眼睛才能挖掘得到。当我们初次置身于财富的迷宫时，每个人的心中都难免会忐忑不安，因为此时的我们一面渴望自己能够找到鲜美的"奶酪"，一方面又害怕自己在寻找"奶酪"的路上迷失方向，甚至被撞得鼻青脸肿……行动固然是唯一的选择，然而盲目地乱冲乱撞必然会让我们付出过于惨痛的代价。于是，掌握创造财富的法则，揭穿聚敛财富的伎俩，搭乘财富动力之车，追寻财富人物的成功之路，便成为我们获取财富的最佳法宝。

✺ 世上没有免费的午餐

　　我们生活在一个财富迅速膨胀的时代，每个人都在以自己的方式创造财富，享受财富。可以肯定地说，这个时代最伟大的工程就是创造财富！既然是创造，我们就不可能整天坐在家里梦想着天上会掉馅饼；即使某一天真的掉下了一张馅饼，你也千万别梦想着它会砸在你的头上。历史的经验早就告诉我们，守株待兔者决非是财富的创造者。一个更现实的问题是，不是财富的创造者，你就没有资格成为财富的所有者与享用者，偶然的所得不是没有可能，但对于整个社会而言，财富创造的唯一动力是劳动，而不是一味地只想吃白食的梦想！

✺ 挖个坑再填平的意义

财富创造的动力是劳动，然而财富创造的过程，对于我们大多数人而言，却是一个既熟悉又陌生的概念。正如我们所知道的，并非所有的劳动都会创造出财富，比如我们在自己家的花园里先挖一个坑，然后再将它填平，在你看来，你的确是在努力地劳动，然而我们却无法想象出这种劳动对于社会财富创造的意义。然而在现实中，居然真的存在着这样的劳动，而且的确是为社会创造了财富！一方面它增加了劳动的机会，解决了一部分人的吃饭问题，另一方面，它也同时增加了我们用以衡量社会财富的指标——国民生产总值，可以想象的是，这种劳动的存在也许还会带动其他产业的发展。

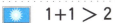 **1+1 > 2**

从前面我们刚刚讲到的例子中，我们似乎已经粗略地开始感觉到个人与社会在经济生活中的差别。其实这种差别体现在很多方面，比如我们现在将要谈到的这个似乎存在明显错误的不等式。假设一个人独立劳动的结果是一只苹果，而另外一个人的劳动的结果是一只鸭梨，加在一起，两人所创造的财富只是一只苹果和一只鸭梨。但假如两个人在一起合作，发挥各自的优势，共同劳动，获得的成果可能要比一只苹果和一只鸭梨多得多。这其中的道理就是"比较优势"，在现实中，我们称之为"协同效应"。正是由于协同效应的存在，社会中的人才不是孤立的人。

企业——时代的宠儿

　　人要想创造财富，就必须加入到社会中去。而随着社会经济的发展，企业渐渐成为社会的最佳缩影，成为我们这个时代的宠儿。在那里，人们通过各种各样的形式相互联系，相互合作，充分发挥了协同效应的优势。那么，是否企业越大，这种协同效应就会发挥得越淋漓尽致呢？这曾经是一个固有的定律，然而，现在世界各国的企业巨头开始渐渐放弃这个游戏法则。富士通放弃IBM兼容大型机业务，意味着一个时代的逝去，对于日本IT巨头而言，不再是无休止的"进军"某一领域，时常尝试收缩战略，也渐渐变成了一种"风尚"。人们越来越清醒地意识到，规模并不是一切，竞争力才是根本。

借鸡生蛋

企业要想发展，就必须首先拥有一定的资本。然而单纯地依靠自己的资本来创造财富，力量似乎显得过于"单薄"。于是，"借鸡生蛋"成为一种绝妙的创造，它在现代企业的发展中起着不可估量的作用，然而，一个不可忽视的问题是，借来的"鸡"早晚是要还回去的，作为对别人的一种补偿，我们还要同时附带着几个"鸡蛋"。于是，这便成为企业决策的一个重要方面：借不借？借多少？盲目或者过渡地依赖这种绝妙创造的结果可能会加大企业经营的风险，甚至会导致企业的破产。于是，"梦"将从一个极端走向另一个极端。

✷不要把所有的鸡蛋放在一个篮子里

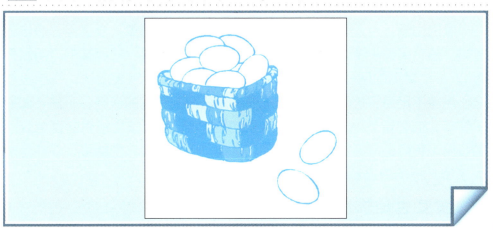

投资，往往可以被看成是财富创造的开始。无论是企业，还是个人，在投资之前都会面临许多独立项目的选择。但是，我们究竟该如何选择呢？一个明显的事实是，只要我们能够首先选择某种适合的方法将各种方案进行排序，我们就可以很轻松地进行项目的选择。但困难的是，如何排序呢？单纯地比较未来可能创造出的财富的大小，似乎只是一种过于粗略的方法，因为这时我们忽略了风险的因素。即使我们面对的是一个可能创造出巨大财富的方案，我们也不应该倾尽所有，孤注一掷，因为它毕竟还存在着许多不确定的因素。"不要把所有的鸡蛋放在一个篮子里"——这是投资专家们挂在嘴边的一句话。

用脚投票

这是一个近乎令人费解的词汇。用脚怎么投票呢？其实这是一个非常形象的比喻。当人们无法通过举手来发表自己的意见，表达自己想法的时候，还有另外一个选择，那就是选择离开或者放弃，即所谓的"用脚投票"。一个常见的例子是，某公司的小股东在重大决策表决时，举手投票的作用微不足道，这时，他的想法根本无法得到别人的认同，于是"此处不留爷，自有留爷处"，怀揣壮志的他完全可以放弃其所持有的这个公司的股份，转而进行另外的重新选择。这种"用脚投票"的结果，往往是加大了资产标的的流动性。

贪婪也是优点

　　贪婪是人类的天性，无论对知识、爱情和金钱。任何正常的人都会贪得无厌，永不满足。知足常乐只是一句口号，能够身体力行的人，如果不是受限于客观条件，可以说绝无仅有。生意人经商，赚钱永远是最重要的目的，创造就业、服务社会，都是从属的目标。如果商人做生意的目的主从倒置，那就不算是经商，而是举办慈善事业。慈善事业是值得鼓励的，但商人若抱定做善事的宗旨经商，不亏损是不可能的。可见，在经济领域，贪婪在某种程度上是值得肯定的。有了贪婪，才有经济人的假定。没有贪婪，社会财富的创造也许会大打折扣。

经纪人的道德底线

　　经济人假定不但不是对性善的价值否定，而且即使是在事实判断的意义上，这一假定与那种"人对于人是狼"的说法也全然不同。道理很简单：人们没有见到狼群中存在市场，更不能设想狼和羊进行交易。经纪人的概念假定人是合理自利的，即他们不会抢劫，也不愿被抢，每个人都有捍卫自己合法利益的权利和能力。于是经济学只能预设交易，不能预设慈善，也不能预设抢劫。从某种意义上来讲，这是法律所允许的合理范围，也正是我们所说的经纪人道德底线。

❋ 贫富差距与社会公平

　　有了前面的论述，我们一方面明确了财富创造过程的协同效应，对财富有了"共性"的认识；另一方面也知道了经济人假定的含义，对财富的分配有了"个性"的认识。从某种意义上讲，这两者是统一的，但更现实的问题是，理论上的统一无法代替现实的差距。背负着"贫富差距"的人们从来没有间断过对于社会公平的倡导。但究竟什么是公平？这也是一个争论已久的话题。事实永远那么残酷，绝对的公平是没有的。因为只要存在着市场，只要存在着竞争，就会适用适者生存的定律，就会存在理论上的公平与现实的误差。

❋ 未来是如何决定现在的

　　未来决定现在——这是一个近乎悖论的观点。然而它确实是事实。我们都熟悉的股票就是一个非常好的例子。股票的价格是由什么来决定的？是在股票中耗费的人类劳动吗？是股票的印刷成本吗？不，都不是。股票的价格取决于其未来可能获得的收益的大小。简单地说，预期未来收益高的股票，其价格就高；预期未来收益低的股票，其价格就低。未来决定现在，这是现代经济社会中的一个普遍的经济规律，但是这一规律得到普遍的认同时间并不久远。值得注意的是，这种决定关系与马克思的劳动价值论并不矛盾，马克思在他的著作中已经认识并详细论述了这一观点。

昨天的一元钱不同于今天

　　财富的多少有很多衡量标准和表示方式。但我们往往习惯于用货币来衡量财富。在这种情况下，便出现了另外一个问题——时间是不是财富？如果是的话，这种财富应当怎样衡量？前一个问题的回答是显而易见的，时间当然是财富。而对后一个问题，我们可以通过这样的例子来理解，即昨天的一元钱要比今天的一元钱更有价值。其中的差额便是我们所说的货币的时间价值。从某种意义上讲，对于时间价值的理解可以扩展到对于利息、工资等定期收付一定金额的所有经济活动的本质的认识。

⬟ 经济学的困惑

从经济人的假定和对于贪婪的"认可"为出发点来研究经济问题，这无疑会令很多人产生误解——经济学到底是不是一门科学？自然科学往往在我们面前呈现出一些恒久不变的规律，而且往往可以精确计量。而经济学却与之不同，它很难用一个固定的模型来描述不同时间、不同地点、不同社会的所有经济情况，而且它很难对各种经济现象进行精确计量。这是历代经济学家们的困惑，也是经济学本身的困惑。正是由于人的因素的存在，经济学变得如此令人难以琢磨，但值得注意的是，经济的运行和发展仍然会呈现出许多可以把握的规律，从这个意义上讲，经济学也是科学。

⬟ 经济学的"盲区"

　　经济学到底是在研究什么？从本书所谈及的角度来讲，经济学是一门研究财富的创造和分配的科学。所以，凡是涉及到人与财富的关系的问题都应当归入到经济学的研究范围，然而，现实的情况却与我们的期望存在很大的差距。习惯上，我们往往从规范的角度得出结论，说"应当怎样"，而很难预先从实证的角度设定未来会出现的情况，并在理论上给予合理解释。也正因为如此，许多社会经济领域中的新问题都是我们在研究财富之初所无法预见得到的。比如说，圈钱、上市包装、关联企业转移利润……这些由于人们的"聪明才智"所"创造"出的敛财伎俩都曾是经济学研究的"盲区"。但这些却是我们在研究财富时所不能回避的。

"赌博"——造就财富梦想

　　从传统的政治经济学教材中，我们对于"剥削"一词已经理解得非常深入。在人们看来，这是用来区分不同社会形态的一个重要标志。然而现实的情况是，随着社会经济的发展，我们将越来越难以见到剥削的影子。当人们对于虚拟经济有了普遍的认同，特别是当全民都成为资本的所有者——股东的时候，每个人都成为我们传统意义上的剥削者，反过来说，其实每个人都不再是剥削者。"赌博代替了剥削"——这是社会进步的一个重要标志。当然，我们这里所说的"赌博"是从广义上理解的，即凡是通过对于未来不确定情况的判断做出决策的行为都被称为"赌博"，比如说买卖股票等。

✹ 企业文化

培育礼仪员工
创造文明团队

　　企业就是社会的最好缩影，因为这里保持着社会上人与人之间的最基础联系——协作与竞争。麻雀虽小，但五脏俱全。作为一个"小社会"，企业中自然少不了文化的要素。文化，其本身是一个与经济竞争无关的概念，从表面上看来，若想将它与一个市场上参与竞争的主体——企业有机地结合起来，似乎有些牵强。但是从企业发展的内涵来理解，这已经成为企业长期发展的一个必要的动力。这就好像我们每一个人一样，从表面上看来，我们的生活中离不开物质的要素，但是从根本上看，假如我们失去了文化内涵的支撑，我们的生活就和动物没有了本质区别。

✹ 价格战——争夺财富的武器

　　竞争的方式多种多样，而以需求者的心理需要为出发点的竞争策略显得更具有杀伤力。于是，这成为市场上许多竞争主体争夺财富、争夺客户的有力武器。价格战早在物价刚刚开放之时就已出现，然而直到1996年，一次次乍起的彩电疯狂降价，才将"价格战"演练成为全民烂熟的词汇。这是一场没有硝烟的"战争"，但却是一场令人心痛的角逐。商家、厂家面对市场的激烈竞争，一面要提高企业利润，另一面却不得不降低产品的价格；一面要扩大市场份额，另一面却被迫放弃种种创新机会。于是，他们在矛盾中痛苦地前行，努力寻找着一种所谓的财富最大化的平衡。

私募基金——金融市场潜藏的"定时炸弹"

　　也许人们还会清楚地记得2001年3月的"中科创业"事件，对于许多人来说，那是一场不堪回首的噩梦。以养鸡为主业的中科创业，在股市上曾经像孔雀一样光彩照人，可惜这只漂亮的孔雀没能永远伪装下去，在惊心动魄的9个跌停板后，中科被打回原形。此后，庄家吕梁由幕后走到台前，他将自己的组织形式类比为国外的"私募基金"。目前，几千亿的私募基金正活跃在股市中忙碌的人们身边，但它显得相当神秘。它已经成为一股地下暗流，游走于黑暗与阳光之间。有人将它比喻成金融市场上的潜藏的"定时炸弹"，一旦"爆炸"，几千亿元的由泡沫搭建起来的财富大厦将一下子从人间彻底蒸发。

盗版与造假——真假财富

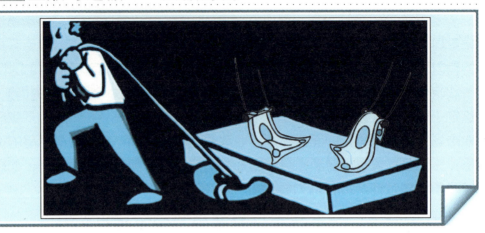

财富是人类劳动与智慧的结晶。任何人都会将自己在经过努力后所获得的成果视为至宝。而其他人要想获得这种财富，就必须付出代价。这是一个保护财富创造者的最基本的原则，也是我们倡导知识产权的真实意图所在。然而在现实中，有些人通过盗版与造假等"捷径"同样可以获得财富，甚至可能是超过财富创造者的超额财富，这难免有些令人感到不平衡。从某种意义上讲，这种行为的后果的确加速了知识转化为财富的进程，但是从更长远的角度来看，对于假财富的默许将彻底毁灭未来真财富的创造。

包装——穿上皇帝的新装

对于一个股份公司而言，能否获得上市的机会决定着其未来的发展前途。也正因为如此，每个企图上市的公司都在想尽办法寻求上市之路。然而，现实是残酷的，并不是每个公司都能获得这样的机会。如今上市的门槛越来越高，上市的条件也越来越苛刻。公司怎样才能越过这样的门槛？答案其实只有一个——靠自身的努力经营。许多公司干脆放弃了这种努力，转而企图走一条捷径——包装上市。既然是包装，就必然是想掩盖某些缺陷。从这一点看，肯定是法律所不允许的。但现实情况下，我们却很难一概而论地认为这种包装是违法的，原因可以简单地归结为目前法律中尚存的漏洞。

搭便车——不劳而获的窍门

尽管在前面我们强调"世上没有免费的午餐"，但是在财富创造的实践中，每个人的内心都多多少少残存着那么一些企图"不劳而获"的念头。所以，当许多人共同面临一个决策，而这个决策行为的结果又会自然地创造出公共产品的时候，总会有人想不去努力而同样获得利益。于是，搭便车行为便由此产生了。对于单个的受益者而言，这成为一种获得财富的窍门，但对于同样面临这个决策的所有人而言，这个决策是一个必然的选择。但是，假如所有人都心存这种思想而且殆于付出的时候，这个窍门就不再那么灵验了。

关联企业——转移利益的工具

从前面的几个例子中，我们可以发现这样的问题：这里所说的财富在某种程度上包含着认为"伪造"的成分。也就是说，采用不同的记录和核算方法，我们得出的财富总量可能会存在着一定的差别。这种差别的存在是人类现实所采用的计量方法的固有瑕疵，也正是因为如此，合法地"伪造"利润才成为可能。当然，上市公司的这种"伪造"还需要有几个同盟（关联企业）的大力支持。当所有的关联企业都宁可称为地球，围绕同一个太阳（上市公司）转动的时候，上市公司的一批价值1元钱的商品就可以卖到100万，甚至更高。于是，"财富"就这样"产生"了……

创造"新财富"的新动力

不同的时代，财富的创造依靠不同的动力。仿佛还在昨天，人们听到"新财富"一词，还会发愣，财富也分新旧？而今天就大有"新财富"一统天下之势了。"新财富"到底带来了什么，这恐怕并不是一个很好回答的问题，一个在很短的时间里就被说烂掉的词，在很长时间里也没有确切的定义，但它却实实在在地给我们带来了一大堆新名词。这些"新新词类"每天都响彻在人们耳边，我们对这些词汇感兴趣更重要的原因是他们已经成为创造财富的最新动力。其实它到底怎么定义并不重要，重要的是它带给人类一种全新的生产方式。以下我们将要谈到的就是一些创造了新财富的伟大动力。

🔷 农民进城

淳朴、诚实，这是对于中国农民最传统的描述。然而在改革开放经历了这些年以后，单纯地用这样的词汇来描述中国的农民则显得过于粗线条。过去，在我们日益感受着时代变化的时候，我们很少去真正挖掘是谁创造了今天的巨大财富。我们不能低估企业家的贡献，也不能小看科学家的智慧，但同样，我们更不能无视中国农民在经济建设中的伟大力量。中国曾经经历过城市人口下乡到农村的时代，现在却有着一个相反的经历——农村人口走进城市。他们一方面保持着中国农民传统的风格，另一方面也在不断适应新的形势，成为创造新财富的生力军。

☀ 商誉

154

　　商誉和品牌是一对相近的概念，但它的内容更加宽泛。它在更大程度上包含了品牌、企业信誉、企业实力等一系列要素。正因为如此，我们衡量一个企业的价值，往往不是单纯地评估其现有资产或权益的价值，而是将企业本身看成是一种商品，看看这种特殊商品在市场上的价格。最简单的方法就是评估股票价格总和。这种买卖价格与其自身资产价值的差就是我们所说的商誉。商誉是否存在是一个企业是否有发展前景的重要标志，更进一步说，商誉的大小，是衡量一个企业发展前景大小的重要标志。

☀ 复合型人才

对于人才，在不同的学科中有不同的解释。在与财富相关的讨论中，我们更侧重说明财富创造对于人才的要求，即现代社会究竟什么样的人算得上是真正的人才。历史上，人类的财富创造过程经历了由独立劳动到简单分工，再到复杂协作分工这样三个阶段。与此相对应，对于人才的要求却经历了一个看似巧合的循环：即从对于人的复合型要求到人才的专业化，再回到对人才的复合型要求。但是应当指出的是，前后两个阶段的相似并不意味着历史的倒退，相反，却意味着一个历史阶段的提升。现在，我们所说的复合型人才要既懂技术，又懂管理；要既有专业，又知识全面。这是对于人才的更高要求。

■ 诚信与"黑幕"

从绿茵场上的假球、"黑哨"，到市场上的假冒伪劣产品，我们已经见识过太多的黑幕现象。然而，无论从哪个角度看，黑幕的背后隐藏的都是一个"终极目标"——攫取财富。由此我们不难想到，在与财富关系更为直接的经济领域，是否也存在着违背诚信的"黑幕"？放眼望去，我们不禁惊诧地发现，"黑幕"竟然遍布经济生活的每一个角落：幕后操纵、虚假广告、庄家控股、违规操作、消费欺诈……只要存在经济利益的地方都会有人去"投机"，只要有漏洞的地方都会有人去"钻营"。人们痛恨"黑幕"，于是，诚信成为我们共同的呼声。

✳ 商业伦理

　　从商业的角度看，其追求的是利益；从道德的角度看，其崇尚的是伦理。因此，无论如何，商业和伦理都是不搭边的组合。但是，学者的这种天才创造并非企图哗众取宠。既然我们强调诚信，我们如何来给诚信确定一个可以令人接受的标准？单纯地依靠法律也许只是在依靠外部力量惩治不诚信的行为，但是我们更强调的是，给人一种标准，鼓励人们从内心出发，发扬诚信的精神。一外一内，一个是惩治一种行为，另一个是鼓励一种精神，我们不难发现这种创造的社会意义所在。与很多人的理解相反，在我们这个"凭借财富说话的时代"，商业伦理是一个更加值得强调的内容。

✳ 经济板块

　　一种自然的力量将地壳分成 6 大板块。与此相似，也存在着一种社会的力量将社会经济分成若干"经济板块"。这是一个形象的比喻，无论在理论中，还是在现实中都给了人们许多遐想的空间。经济板块的概念以行业为依托，一方面超越了单个经济主体的范围，另一方面实现了对于整个经济体系的分类。正如我们所知，地球板块运动的结果是地震以及山脉的凸起和海沟的凹陷，而经济板块运动的结果却是企业的"地震"。行业的"凸起"与"凹陷"。正是由于这种运动的存在，我们的经济运行过程才会显得令人异常难以把握。然而，值得注意的是，以板块为整体的"运动"同时加速了经济的发展进程。

■ 企业购并——大鱼吃小鱼

　　经济板块的形成首先是行业内经济主体之间"斗争"的结果。更准确地说，就是优胜劣汰、大鱼吃小鱼的结果。其突出表现为收购和兼并两种形式，统称为购并。当然，在这里我们强调的是形成经济板块的企业间横向购并，而不包括上下游不同行业间的纵向购并过程。但无论哪一种方式，其结果都表现为企业规模的扩张，从而实现购并企业市场竞争能力的增强。但是，正如我们可以预想得到的，在这个过程中，被购并的目标企业却不会轻易放弃自己苦心经营多年的成果，他们必然要想出各种各样的"招数"来对付"敌人"的恶意购并。

✹ 寻找"白衣骑士"

　　被并购的目标企业防止被恶意收购的一种方式是为自己首先寻找一位"白衣骑士"——善意的收购者。这是目标企业在受到敌意威胁时寻求"外援"的一种方式。购并，作为经济行为的一种，缘何又能与"善"、"恶"构成联系？评判"善"、"恶"的标准又是什么，简单地说，这里的"善"、"恶"是基于目标企业的角度而言的。我们把一个目标企业比喻成一位准备出嫁的新娘，那么她心中的"白马王子"对她来说就是善意的，而带着一群喽啰前来抢亲的山大王对她来说就是恶意的。当新娘为了避免被抢的命运临头的时候，就可能会选择主动嫁给"白衣骑士"，以寻求得到保护。

✹ "金色降落伞"

这是防止被恶意收购的另外一种方式。从历史的经验来看，公司一旦被收购，其原有的高层管理人员几乎都将遭到撤换。“金色降落伞”则是一种补偿性协议，它规定在目标企业被收购的情况下，高层管理人员无论主动还是被动地离开原有的职位，都可以领取到一笔巨额的安置费用。与之相类似，还有针对底层雇员的“银色降落伞”。表面看来，这种协议是在保护企业的员工，但其更为实质的作用是在提高购并企业的购并成本，使之难以按照原有的成本实现收购的目的。但值得注意的是，支付给管理层的巨额补偿反而可能诱导管理层低价将企业售出，加速其被收购的进程。

“皇冠上的珍珠”

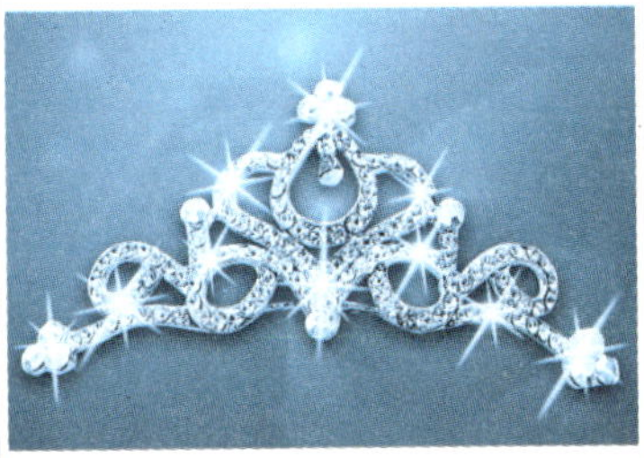

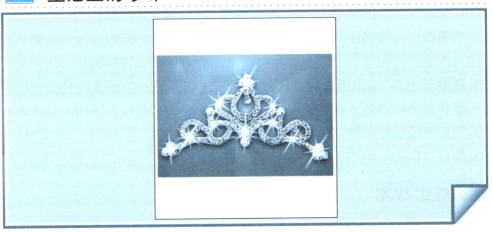

与前面两种方式相反，这种方式不是提高收购者的成本，而是从另一个角度出发——降低收购者的收益。从资产价值、盈利能力和发展前景等各方面衡量，在混合公司内经营最好的企业或者子公司被喻为“皇冠上的珍珠”。这类公司或企业通常会诱发其他公司的收购企图，成为购并的目标。目标企业为了顾全大局，保全其他子公司，可以将“皇冠上的珍珠”卖掉或者抵押出去，从而减少了收购者的收购兴趣，实现反收购的目的。在实践中，成为“珍珠”的往往不只包括企业，有可能同时还包括某项技术、某种权利，或者是目标企业存在的某种优势地位。

✵ "毒丸计划"

　　"毒丸计划"也是降低收购吸引力的一种方式。它至少包括两种方式："负债毒丸计划"和"人员毒丸计划"。前者是指目标公司在收购威胁下大量增加自身负债。比如，发行债券并约定在公司股权发生大规模转移时，债券持有人可以立即要求兑付，从而使收购公司在收购后立即面临巨额现金支出。"人员毒丸计划"的基本方法则是公司的绝大部分高级管理人员共同签署协议，在公司被以不公平价格收购，且这些人中有一人在收购后被革职或降职时，则全部管理人员将集体辞职。实践中，"毒丸计划"成为反收购的一种有效方式，因为其在很大程度上加大了收购者的风险。

✵ 焦土战术

这是公司反收购战略中的一种最差选择，是公司在遇到收购袭击而无力通过以上方式进行抵御和反击时，所采取的一种两败俱伤的做法。例如，将企业中引起收购者兴趣的资产卖掉，使收购者的收购意图难以实现；或者增加大量与经营无关的资产，大大提高企业的负债，使收购者因考虑收购后严重负债问题而被迫放弃收购。从某种意义上来说，这种方式或许也会达到反收购的目的，但是很可能由于这种做法最终导致保存下来的企业很难继续经营，因为它在反收购的过程中已经付出了惨痛的代价。

人力资源

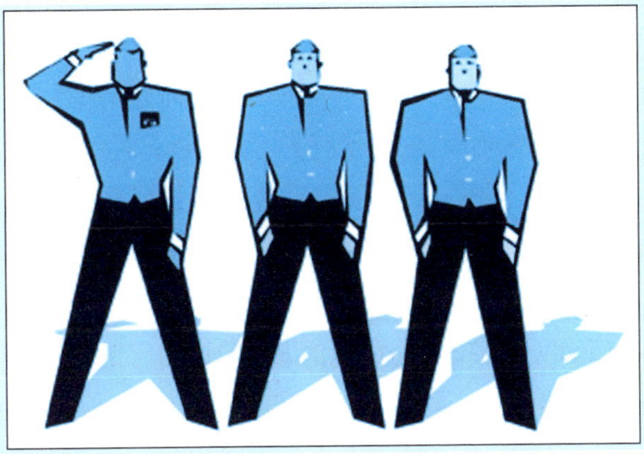

前面探讨的种种企业应敌战略的核心无外乎是企业生存的权宜之计。然而在现实中，除了生存，发展更应当成为企业追求的具有长远意义的目标。发展靠什么？知识经济发展的结果使我们面临一个现实：发展的决定因素越来越趋向于知识以及作为其载体的人。人从创造的神坛上渐渐滑落下来，成为与资本、技术、原料等并列的一种资源。从某种意义上说，这并不是对于人的主体地位的否定，而是对于人本身特有能力的一种推崇。目前，很多企业都开始设立人力资源部门，希望通过这种努力，达到企业人力资源化。

✴ 资本家与知本家

　　这是两个相近却完全不同的概念。前者强调更多的已经不是人的概念，而是其所投入的资本。在现代社会中，特别是随着股份全民化的发展，资本家的概念已经渐渐失去了往日的光彩；与之相反，"知本家"却成为一个时髦的字眼。"知本家"概念的提出者姜奇平说："我对'知本家'的认识简单地说是'以知识为本的人'。这里的'知识'既指资本，也指根本、基本，'知本家'既包括企业家，也包括思想家。"这一概念的意义在于：一方面把知识经济的核心概括出来了，知识不再是一般的资源、手段、而是内核；另一方面把知识分子从舞台边缘推向了中心。

✴ 职业经理人

职业经理人是"知本家"的典型代表。目前，中国已经出现了一大批这样的优秀人才。他们一方面掌握着大量的企业管理理论，同时拥有丰富的实践经验。职业经理人的出现是一个社会走向成熟的重要标志。大凡职业经理人一般不会遭遇失业，但也有例外。比如：所去的公司属于新建立的企业，不规范且无序，如果再遇上情绪易波动的老板，那么职业经理人的"用途"将左右摇摆。既然不能发挥自己的才能，又不能提高自己的才能，可能还会降低自己的工作效率，直接影响工作的情绪，那么，最终只有选择"走为上"的策略，而面临失业的危机。

激励与约束

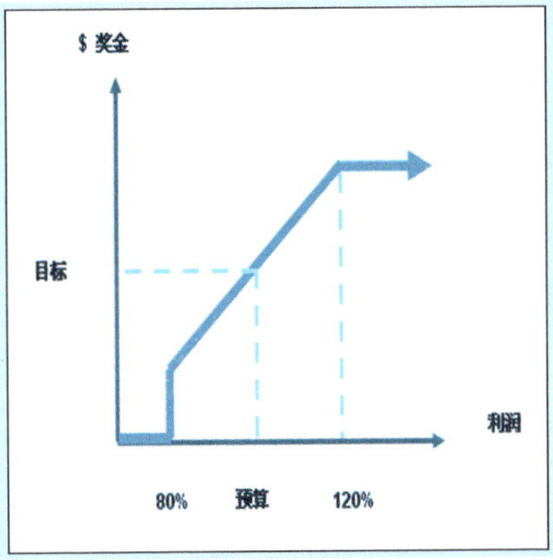

对于企业的社会化，最重要的就是要实现资本与"知本"的分离。然而作为所有者的资本家绝对不会放任自己的财产，任人"挥霍"。分离是必然的，但如何能在分离的情况下保证资本的保值与增值？激励和约束是两种不同的选择。单纯地使用任何一种方式都不可能很好地实现资本所有者的初衷。于是，就需要将两种方式有效地结合起来。激励是要付出代价的，约束也是要付出代价的。如何能够使两者所付出的代价之和最小，这是资本家在既定投资企业中的唯一决策。应该明确，这种决策不是单个资本家的个人偏好，而是多数股东共同的选择。

❋ 风险投资

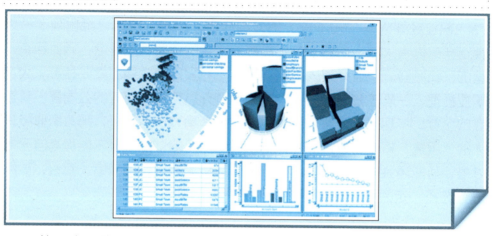

　　前面谈到的是资本家在既定投资情况下的决策行为，但对于他们来说，更重要的一种决策是对于投资对象和方式的选择。风险投资（Venture Capital，简称VC）近一两年在IT界可谓资本家使用频率最高的词汇之一，只是近期大有下滑之势。当初借互联网的东风，ＶＣ似乎一夜间就席卷了大江南北，风险投资可是最稀缺的资源，各网站对它们奉若神明，那时，似乎所有人都在寻找风险投资，ＶＣ之声自是满天飞。如今这边好项目难找，ＶＣ走下神坛；那边股指又一个劲跳水，弄得人心惶惶。这就难怪"风险投资"这个词近期使用率下降了不少。

❋ 资源共享

　　资本家也好，知本家也罢，无论处于什么样的角色，都可以将他们看成是企业发展资源的提供者。资本家的资金一旦投入企业，就为企业知本家创造了发挥其才智的空间；知本家一旦成为企业的雇员，其劳动的成果就成为资本家收获的一部分。这种资本与知本的分离和合作，是比较优势理论在现代社会中的绝妙演绎。原本孤立的资源在这种方式下得到了高度的共享。严格地讲，这只是资源共享在现代企业中最朴素的一例，然而却从根本上让我们感受到了他的精美之处。

家族企业

　　家族企业是一种特殊类型的企业。在这里，除了我们在前面谈到的企业内合作与竞争关系以外，人与人之间还存在着不可割断的亲情。这就使得企业变得有些不像企业了。家族企业的天然封闭特性本能地为人力资本引进设置了障碍，这样就很难形成"命运共同体"。太太、儿子、秘书、司机怎么管？这是家族企业管理中的一个令人头痛但又不能不解决的问题；由于在人员管理上不得不花费过多的精力，往往导致对品牌、商誉的忽视；此外，以血缘关系维系的大多数家族企业主要以模仿为主，产品质量仍是主要问题。

✺ 扩大内需

前面我们一直探讨的问题都与财富的创造者——企业有关。下面我们将把我们的视野转向财富创造机制的另一群主体——消费者。从本质上讲，财富的创造机制是一个供给与需求的平衡机制。仅有供给，没有需求，则是对于资源和财富的一种浪费。在这种情况下，如何扩大内部需求，如何加速消费就成为一个迫在眉睫的问题。市场经济是反对过度"节俭"的。传统的"新三年，旧三年，缝缝补补又三年"的"节俭"精神已经遭到市场的唾弃。试想，如果每个人都怀有这样的消费观念，生产出的产品该卖给谁？企业又怎能进一步发展？

✺ 三大经济现象

中国在前两年曾一度面临着通货紧缩的压力，扩大内需成为政府的主要经济政策之一。在这种政策的倡导下，中国出现了空前的"三大经济现象"——"假日经济"、"会展经济"和"美女经济"。"假日经济"的突出表现是消费在时间上的集中，在每年"十一"、春节等长假期间，消费者表现出比平时更高的消费热情；"会展经济"的出现在很大程度上是相互效仿的结果，你办农博会挣钱，我就办汽博会，于是全国相继掀起了会展高潮；"美女经济"这个词的创造则有些令人费解。但是在各种经济活动中，美女的出现的确给经济活动增色不少。

消费主义文化

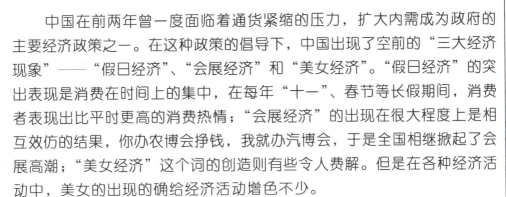

正如我们在前面提到的，企业内部有文化，消费也有文化。这种文化的来源往往不仅在于企业提供的消费品和企业本身，而是来自于消费者自身的个人需求，这是很容易理解的一个道理。我们购买一件外衣，选择的标准不仅是可以保暖、价格低廉，同时我们还要注重它的样式、风格以及其所包含的内在美感。这是对于消费品的文化内涵的最简单描述。更突出的一个例子是，我们对于艺术品的需求绝对不是基于生存的必需，而是基于对于文化的感悟。把握消费者的文化需求也是一个真正成功企业所必须注意研究的。

ok

❋ 效益工资

　　什么是美？"劳动者是最美的。"这句来源于生活的经典结论是不应当被我们忘记的。当我们探讨财富创造的时候，自然也应当关注财富的真正创造者——劳动者。正是由于劳动者提供了劳动，自然资源、资本、知识、劳动这些生产要素才能真正结合起来。正是由于劳动的这种特殊性质，劳动者本身也兼具了财富的创造者与享有者的双重身份。劳动者获取工资的方式也出现了与以往不同的变化。作为对劳动者积极性的激发，与效益相挂钩的方式似乎比以往的计时、计件方式更加具有合理性。从某种意义上讲，这是一种更具时代意义的"多劳多得、少劳少得"。

❋ 年薪制

当许多人还在追求每月可以获得更高的收入的时候，"年薪制"却悄然来到我们身边。也许直到目前为止，还有很多人不理解月薪与年薪在本质上的区别。一个月发一次工资和一年发一次工资有什么不同？其实，关键的问题不在于多长时间发一次工资，而是在于一次可以发多少。更严格地说，由月薪到年薪的转变不仅是计量期间的变化，更重要的是，它是一种衡量劳动价值的层次上的飞跃。可以说，这种对于个人工资发放方式的发明创造的意义决不亚于股份制对于现代企业的意义。目前看来，当一个人有幸成为获得年薪一族时，他的劳动价值便得到了较大的肯定。

下海

在中国，"下乡"、"下海"、"下岗"分别体现了三个不同历史时期的特有经济现象。前者已经成为人们远去的记忆；后者就在我们面前；而中者"下海"热潮尽管已经退却，但仍然是我们记忆中不可磨灭的一笔。早在20世纪80年代末、90年代初，一批"真的勇士"毅然放弃了自己原有的工作，远走他乡，跳入了茫茫商海，开始与波涛搏击。他们经历过挫折，经历过失败，也曾有过胜利的微笑。如果说，中国的市场经济能够得到如此迅速发展是一种开创性的进步，那么下海的勇士们就是造就这种进步的真正开拓者。

✺自由职业者

　　这是一个不错的名称，却可能表明了一种用传统观念无法理解的潮流。顾名思义，它的界定标准就是看有没有工作单位，换言之，凡是没单位的人都可以被称之为"自由职业者"。正当许多人为将来的就业问题发愁的时候，却有一些人主动地放弃了现有的工作，而加入到了自由职业者的行列。在许多长辈看来，这是典型的不务正业，游手好闲。然而，现实的情况是，自由职业者的存在确实成为社会的需要。在这些人自己看来，自己走的也是"正途"。因为他们仍然可以通过自己的劳动，获得应该获得的财富。尽管对于未来仍然有些迷茫，但他们毕竟可以通过努力，迈出第一步。

✺首席执行官（CEO）

曾经流传过这样一个笑话：某大厦施工现场掉下来的建筑材料砸了10 个人的头，一打听 10 个有 9 个是经理。如今，恐怕得把"经理"换成"CEO"了。虽然夸张了点，但也说明了一个事实，有多少网站就有多少CEO，当然还有数不清的 COO、CFO 了，这就是时尚吧，要不怎么还有无数总裁、总经理也改叫 CEO 了呢。但是，单纯改了名字也许根本救不了企业。被视为 CEO 最终栖身大本营的纳斯达克曾给全世界互联网公司以希望，他们所做的一切的一切似乎都是为了获得纳斯达克的认可。可是，随着 NASDAQ 股价的暴跌，网络英雄们开始意识到，只有脚踏实地才是唯一的出路。

跳 槽

伴随着中国经济体制改革的深入，"铁饭碗"即将退出历史的舞台。现代的年轻人已经很少有人希望自己"在一棵树上吊死"。经常性地"跳槽"成为一种司空见惯的社会现象。从物理学的角度看，社会上每一个企业的职工都处于一种动态的平衡之中，这种平衡往往要优于传统我们所见的静态平衡。人员的高度流动性，一方面使企业不断更换新鲜"血液"，另一方面也加大了职工的危机意识，从而促动工人努力提高自身的业务能力，以免在这种动态平衡中失去个人的"平衡"。对于个人而言，"跳槽"非常类似于我们前面谈到的"用脚投票"。

ok

☀ 破产

就如同人的生老病死一样，一个企业也不可能永远生存下去。无论是由于资金运作困难，还是由于长期经营亏损，企业都可能会面临着破产与倒闭。在当今世界，每天都有大量新企业成立，也有大量旧企业破产。从单个企业角度而言，破产固然在某种程度上意味着经营的失败，但从社会整体而言，破产却可能是一个有助于经济发展的伟大动力。正是因为有了这种"不合时宜"的企业的消亡，才可能激发更具竞争力的企业的诞生和发展，从而使社会经济处于一种不断的流动与上升的循环之中。就像对于死亡一样，我们对于破产也应保持一种平常的心态。

☀ 个人理财

　　与企业一样，个人的财富也需要保值、增值。面对同样的财富，我们的祖父曾将其埋藏在地下，以便世代流传；我们的父辈将其存入了银行，以便获得利息；而今，我们却有了更多的选择。我们可以将这些财富存入银行、投资实业、买卖股票债券、购买期货……各种各样的方式令人眼花缭乱。于是，对于个人而言，如何分配自己的现有财富，如何进行组合投资，便成为一个日益重要的问题。随着个人财富的不断增多，人们越来越清醒地意识到，保值不是目的，增值才是根本。

❋ 投资银行家——替人理财的妙手

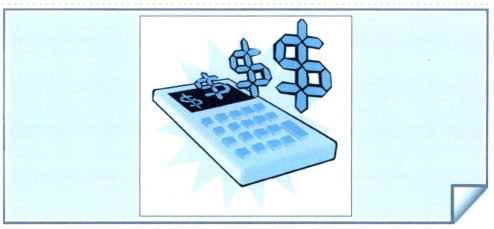

　　由于受个人的专业能力、时间等各个方面的限制，试图让每个人（甚至包括金融家在内）都能够实现自己财产的最大限度的增值几乎是不可能的。然而在金融家这个生物群落中，投资银行家大概称得上是渗透了金钱的奥妙和诀窍的顶尖数学人种了，他们最拿手的就是把千奇百怪形形色色的各种财务工具加以变换组合，从而取得财富增长的最大效应。拥有财富的个人完全可以不必花费时间去决定自己的投资方式和项目，而专心从事自己的工作。替人理财正在成为一种职业，而且成为目前最热门的职业之一。

❋ 消费贷款

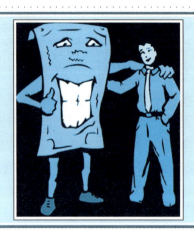

　　前面我们谈及了企业的"借鸡生蛋"，是想说明负债经营的好处。对于个人而言，我们也不妨借鉴一下。有一个经常讲起的故事：中国老太太辛苦了一辈子挣钱买到了房子，而美国老太太也辛苦一辈子，却挣钱还上了年轻时买房子欠下的钱。人们往往习惯于用这个故事来说明两种不同的消费观念的差别。如今，越来越多的人开始接受了后一种观念，消费贷款就是最明显的表现。借钱买房子、买汽车……如今，这已经不是一种简单的尝试，而成为一种时尚。在这种"今天花明天的钱"的观念的带动下，社会经济才出现了超越时代的进步。

❋ 惜贷

174

谈到贷款，不得不提的是在中国曾经出现的一个怪现象——"惜贷"。正如大多数人所知道的，银行是一个经营资金的企业。它们吸收存款的目的也是保值和增值。不贷放出去就没有机会获利，相反却要向存款者支付一定的利息。而在20世纪90年代末，中国的许多国有商业银行却出现了宁可将钱存放在保险柜里，也不愿意将其贷放出去的怪现象。这是为什么呢？其实原因主要可以归结为当时中国信贷市场出现的"诚信危机"。国有商业银行已经有巨额无法收回的呆账、坏账，它们已经被"肉包子打狗"的现象给彻底吓怕了。

证券投资——在薄冰上跳舞

消费可以信贷，投资也可以信贷。但目前的情况是，中国的投资贷款仅限于直接投资，而不包括间接的证券投资。原因很简单，证券投资的风险远远超过直接投资和消费。特别是当我们所面对的资本市场尚未成熟之时，在证券市场上的超量投资往往会给人们带来意想不到的损失。2008年的中国股票市场已经让许多股民深刻感受到了"在薄冰上跳舞"的感觉。从6100点到1600点，中国股民的内心经受了几乎是开市以来最为严峻的考验。在"薄冰"上，如何既能保证"舞姿优美"，又能保证不至于"落水"，这的确有些令人感到为难！

庄家——金融市场的"恶狼"

　　用"恶狼"来形容股市庄家，也许并不恰当，但是在中国股票市场上，站在广大股民的立场上的这种比喻，不能不说明一些问题。由于证券投资兼具投资与投机的双重性质，大股东的投机行为无可厚非，但问题的关键不在于此，因为我们的种种判断是基于我们建立股票市场的初衷，正是在这种意义上，庄家的投机行为便成为掠夺散户财富的工具。从本质上讲，这种"掠夺"就是我们前面所提到的用以代替剥削的"赌博"。但与"赌博"不同的是，其同时常常伴随着欺诈。

散户——任人宰割的"羊群"

散户是指除庄家以外的小股东。他们既可能是投资者，也可能是投机者。但无论他们充当什么样的角色，他们都是市场上最"可怜"的一群。对于散户而言，他们普遍缺乏专业的判断，无法获取充分的信息，更无法通过自己的买卖行为影响市场上股票价格的波动，以致于只能成为既成事实的接受者。居于这种被动地位，散户的命运就可想而知了。行情看好，散户也许会"搭便车"，小有收入；行情看跌，他们就只有坐以待毙了。难怪中国股民常常感慨：为什么受伤的总是我？

股市黑嘴

国内一项有关职业声望的社会调查中，股评家的排名竟在后三位，有好事者曾搞了一次民意测验，"套中人"义愤填膺，投票踊跃，结果股评家的声誉大大降低！中国足球有黑哨，可以毁掉一支球队，可以毁掉中国足球；中国股市有黑嘴，毁掉的又是什么呢？是股民手中的财富，更是中国的股票市场！人非圣贤，孰能无过？对于股评家我们的要求不能过于苛刻，我们也的确不能一概而论，将股评家们一棒子打死。但目前从事股评工作的队伍的水平真的有待于提高！以致股民必须排除耳边"黑嘴"的聒噪，才能自己分析大盘。

套牢

178

对于广大工薪阶层而言，投入股市的钱大部分是自己辛苦了半辈子才得到的一点积蓄。正是受了"个人理财"观念的"蛊惑"，才拿出来到股市上一搏。然而，赚钱并不容易，套牢总是简单。高价买入，原本希望价格继续上涨，可是偏偏一买上价格就开始下跌。眼看着一天天缩水的股票，自己却无能为力。于是，原本用来买房子的钱、给孩子上大学的钱、甚至是自己的吃饭钱、养老钱，全都被套住了。割舍不得的"套中人"一等恐怕就是好几年！

割肉

被套牢是一种痛苦，但若痛下决心低价卖出股票更是一种痛苦。因为这一卖就必然意味着血本无归，这种痛自然不亚于从自己的身上割肉。这是人们不愿面对的选择，但却正在成为许多专家时常指出的"明路"。割肉固然很痛，但面对无可挽救的行情，不割肉，我们可能会面临更深的套牢，那将更为令人心痛。痛定思痛，暂时的失利也许可以给自己更多的选择机会，股民们这么做是寄希望于浴火重生的。但能否如愿以偿并不是单纯的希望可以解决问题的。当"不知好歹"的股民再次选择"在薄冰上跳舞"时，等待他们的也许仍然是套牢和割肉。

网上淘金

历史上，有人曾希望通过战争来统一世界，结果却落得个身败名裂的下场；也有人希望通过经济来统一世界，尽管已成果初现，但却没有互联网来得迅速。网上的信息将全世界统一为一个不可分割的整体。正当许多人对于网络仍然还感到陌生的时候，却已经有许多人开始尝试着在网上淘金。这其中不乏许多文化水平并不高的农民。早在 2000 年底，江苏省连云港市赣榆县罗阳镇农民通过网上查询、浏览，发电子邮件四处打探农产品市场信息，调整产品结构，确定货源走向，探索出一条快速增收的新途径。全镇共有 520 余名农民在"网上淘金"，创经济效益 1000 余万元。

ok

✹ 政府不是最酷

　　市场经济条件下，打官司司空见惯。然而与政府打官司，在中国毕竟还不多见。2001年，海南凯立一举"打败"了中国证监会。然而，作为被告方的证监会得到的恐怕远远要比失去的多。它的社会形象也因此显得更平民化、更亲切一些。证监会可以站在更高、更新的起点上，反思过去，超越过去，这也将成为政府"入世"前的一节深刻的"预习课"，因为在今后，政府可能会经常面对类似的情形。这一事件本身也许并不值得我们过分关注，但它却有着深远的意义。它向世人宣告了这样的事实：在WTO游戏规则面前，政府并非永远最酷!

✹ 实行价格听证，百姓不再发蒙

2001年4月，为了春运期间说涨就涨的火车票，不服气的河北律师乔占祥将铁道部告上法庭，结果铁道部胜诉。这个结果当然并不意外，但正如乔占祥在判决之后所说："暂时的判决显得并不那么重要，这个案件无论输赢都是有价值的。"而此后渐成趋势的价格听证已经证明了这一案件的价值。于是，价格听证成了消费者挂在嘴边的话题，"民航、铁路、公路票价上涨，价格听证了吗？""取暖费价格上调，价格听证了吗？"……对于广大消费者而言，价格听证就应该像投诉电话一样成为我们保护自己的有力武器。今后，物价变化再也不能不明不白了。

初行召回制度，厂家望而却步

从2001年8月30日开始，日本三菱公司在中国召回有问题的车辆。此前，美国福特公司也有类似的举动。于是，世界名车纷纷"回娘家"。感慨于世界品牌企业经营理念的同时，中国的汽车厂家都不约而同地"钻"进了"误区"。它们一面担心，如果实行召回制度，车主会将所有的故障推给厂家；另一面害怕实行"召回"后，厂家搭上太多的赔偿费用，甚至可能成为竞争对手的"把柄"。于是，国产"病"车回家太难了。然而，在中国"入世"以后，无论做什么都必须依据国际惯例，"召回"必将成为厂家不可回避的现实。

ok

取消初装费未"入世"先"减肥"

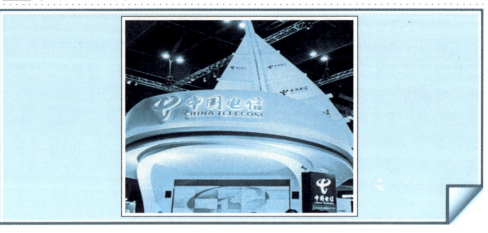

在中国"入世"以前，电信业已经悄悄进行了许多改革，给了消费者一定程度的优惠。人们欢呼"这是庶民的胜利！"然而在雀跃的同时，却很少有人去关心电信跳水的真实原因。有人分析说，这是面对竞争被迫做出的选择。也许，这只说对了一半，更重要的一个方面是，这是在中国"入世"前的一次主动"减肥"。"减肥"的目的非常简单，因为在中国加入ＷＴＯ以后，一切都必须按市场的规则办事，政府这把"保护伞"将被从市场上彻底打入"冷宫"，一切只有依靠自己的"孤军奋战"。于是，面对"入世"，中国电信打响了第一炮。

WTO 的悲哀

正当全中国上下为加入ＷＴＯ而欢呼的时刻，美国政府却单方面提高了钢铁产品的进口关税，并引起了世界各国的强烈不满。从本质上说，美国政府的这种做法是在破坏ＷＴＯ关于贸易自由化的协定，但从某种角度而言，这是ＷＴＯ本身的悲哀。之所以这么说是因为，美国政府是在利用ＷＴＯ规则的某些缺陷：如超长的受理时间、不告不理、处理决定不溯及以往等。正是由于这些漏洞的存在，美国政府才胆敢不顾其他各国的反对，而自作主张。面对此情此景，我们应当清醒地意识到，我们经过多年努力所加入的ＷＴＯ的规则本身在某种意义上只是一个强国强加在弱国头上的规则。

❋ 市场偶像的力量

如果说世界各国以往的经济发展都是在经济学家理论的指导下进行的，那么今天的世界经济便是在财富精英们的引导下进行的。这是一个英雄辈出的年代，是一个由理论占主导到实践为主体的年代。在我们的经济生活中，我们越来越感觉到市场偶像的伟大力量，他们的一举一动，他们的财富理念无时无刻不在融合为我们思想和生活中的一部分。也许这种对于市场偶像的崇敬并不像某些"追星族"对于明星的追求那样狂热。但是，这种非狂热的冷静却实实在在地影响着我们。正如我们在本章前言中讲到的，我们对于财富人物成功之路的追寻已经成为我们获取财富的便捷之路。

图书在版编目（CIP）数据

经济与财富／王朔峰主编．—长春：吉林出版集团股份有限公司，2009.3
（全新知识大搜索）
ISBN 978-7-80762-597-1

Ⅰ．经… Ⅱ．王… Ⅲ．经济学－青少年读物 Ⅳ．F0-49

中国版本图书馆 CIP 数据核字（2009）第027878号

主　编：王朔峰
编　委：段志伟　王虹傈　徐异　刘琳

经济与财富

策　　划：曹恒　　责任编辑：黄群　付乐
装帧设计：艾冰　　责任校对：孙乐
出版发行：吉林出版集团股份有限公司
印刷：河北锐文印刷有限公司
版次：2009年4月第1版　印次：2018年5月第10次印刷
开本：787mm × 1092mm　1/16　印张：12　字数：120千
书号：ISBN 978-7-80762-597-1　定价：32.50元
社址：长春市人民大街4646号　邮编：130021
电话：0431-85618717　传真：0431-85618721
电子邮箱：tuzi8818@126.com